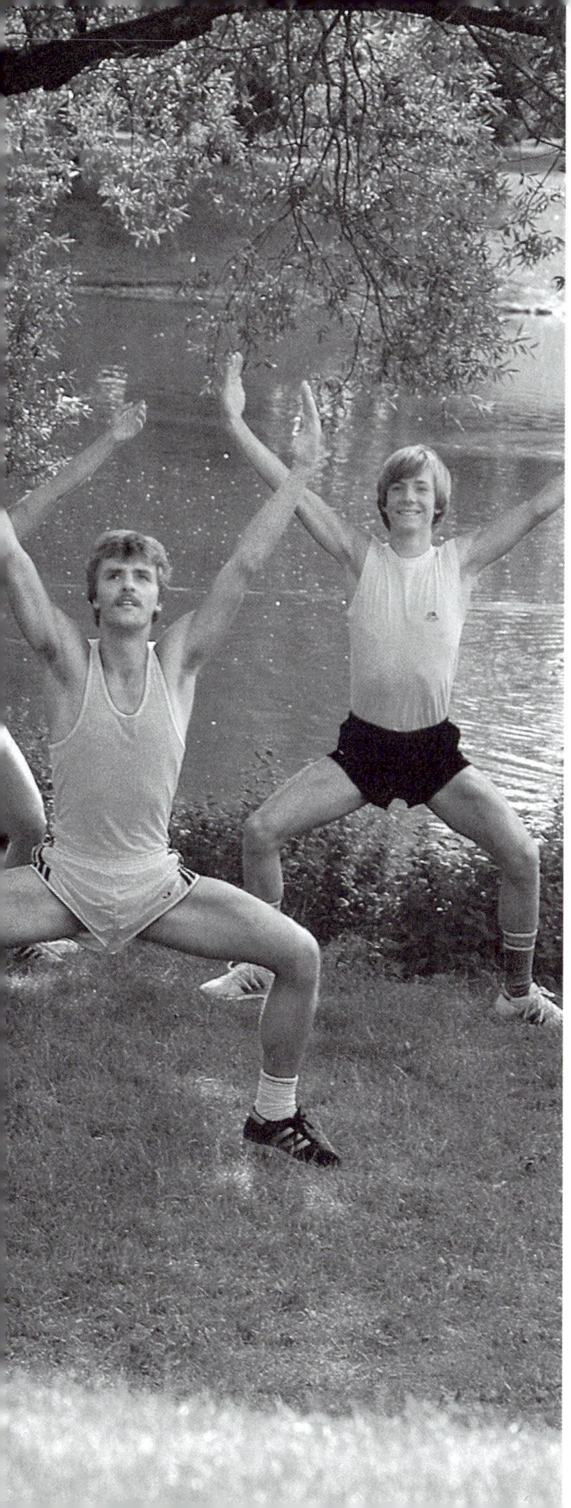

Dagmar Sternad

Gymnastik

Beweglichkeit, Kräftigung, Ausdauer für alle

Zweite, überarbeitete Auflage

BLV

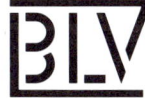

Zur Autorin
Dagmar Sternad studierte Sport und Anglistik
für das Lehramt an der Universität München
sowie Swansea/England und promoviert in
Sportwissenschaft am Lehrstuhl für Sport-
pädagogik und Bewegungslehre der Technischen Universität München und der Univer-
sity of Connecticut/USA.
15 Jahre lang hat sie Geräteturnen und an-
schließend Rock 'n' Roll als Leistungssport
betrieben. Seit 1981 unterrichtet sie am
Sportzentrum der Technischen Universität
München in den Bereichen Aerobic, Stretching und Tanz und hält Fortbildungslehrgänge
im In- und Ausland ab. Im Bayerischen Rund-
funk leitet sie eine tägliche Gymnastik-
Sendung.

Bildnachweis:
Alle Fotos Dieter Birkner
außer:
Ralf Horn S. 40
Ursula Malbrich S. 27
Grafiken: Barbara von Damnitz,
Hellmut Hoffmann, Egon Quitta

CIP-Titelaufnahme
der Deutschen Bibliothek

Sternad, Dagmar:
Gymnastik: Beweglichkeit, Kräftigung,
Ausdauer für alle/Dagmar Sternad.
[Alle Fotos Dieter Birkner]. –
2., überarb. Aufl. –
München; Wien; Zürich: BLV, 1989
   ISBN 3-405-13763-2

BLV Verlagsgesellschaft mbH
München Wien Zürich
8000 München 40

© 1984 BLV Verlagsgesellschaft mbH,
München, 1989

Layout: Anton Walter
Titelfoto: Dieter Birkner

Gesamtherstellung: Passavia Passau

Printed in Germany · ISBN 3-405-13763-2

Inhalt

Vorwort

Gymnastik ist wieder attraktiv geworden! In den letzten Jahren hat sich Gymnastik zu einer neuen schwungvollen Sportart entwickelt und endlich die Vorbehalte, die ihr noch aus früheren Zeiten anhafteten, überwunden! Daß die althergebrachten Gymnastikstunden, manchmal ja noch vom Geiste Turnvater Jahns geprägt, nicht gerade jedermanns Sache waren, konnte auch wirklich nicht verwundern.

Wie kommt es aber dann, daß Gymnastik jetzt plötzlich so viel Begeisterung hervorruft? Was ist neu, daß die Gymnastik einen solchen Aufwind erhält?

Es ist eigentlich ganz einfach: endlich entdeckte man, daß eine sinnvolle Körperbildung nicht nur zweckorientiert gestaltet werden muß, sondern auch Freude machen kann.

Es ist vielleicht die Musik, die dazu den entscheidenden Anstoß gegeben hat. Allzu häufig wurde sie bisher in ihrem Wert unterschätzt, fungierte entweder nur als Taktvorgabe oder spielte mehr zur Untermalung nebenher, ohne daß Musik und Bewegung sich einander anpaßten. Musik und Bewegung aber müssen und sollen sich ergänzen und erst in dieser Verbindung macht das Bewegen Spaß. Rhythmischer Schwung, tänzerische Elemente, Bewegungsphantasie und zweckmäßiges Körpertraining verbinden sich zu einer Einheit, die somit mehr als nur Mittel zu einem guten Zweck ist. In dieser Form ist Gymnastik zu einer neuen eigenständigen Sportart geworden.

Warum es auch gerade die Gymnastik ist, die mit einem Male so viele Menschen dem Sport näherbringt, mag auch daran liegen, daß hier endlich keine spezielle Technik erforderlich ist, und die Bewegung keinem Zwang zur Leistung unterworfen ist. Gymnastik kann von der ersten Stunde an Spaß machen – unabhängig von der jeweiligen sportlichen Vorbildung. Jeder kann die Übungen nach Lust, Laune und Leistungsvermögen mitmachen.

Darüber hinaus ist Gymnastik auch überaus vielseitig. Je nach individueller Vorliebe kann mehr der tänzerische oder mehr der konditionelle Aspekt betont werden. Ob Aerobic-Gymnastik oder Stretching, Seilspringen oder Hula-Hoop, schwungvoll oder eher meditativ, mit oder ohne Geräte – für jeden Geschmack ist etwas dabei. Diese unendliche Vielfalt der Möglichkeiten aufzuzeigen, soll ein Ziel dieses Buches sein.

In den letzten Jahren hat sich durch Kampagnen von seiten der Sportverbände mit Unterstützung der Ärzte allmählich das Bewußtsein entwickelt, daß man etwas für Körper, Gesundheit und Wohlbefinden tun muß. Für ein umfassendes Körpertraining eignet sich aber nichts anderes so gut wie gymnastische Übungen. Gymnastik kann die Ausdauer schulen, kräftigen, dehnen, koordinative Fähigkeiten verbessern und eine Atmungs- und Haltungsschulung sein. Diesem Aspekt der gesundheitsorientierten Körperschulung wird das Buch durch einen vorangestellten ausführlichen Theorieteil über sportmedizinische und trainingswissenschaftliche Grundlagen gerecht. Denn neben der reinen Freude am Bewegen ist das Wissen über Sinn und Zweck der Übungen sicher für viele von Interesse und kann zur Motivation beitragen.

In einer wirklich umfassenden »Allround-Gymnastik« dürfen aber auch Bewegungsphantasie und Kreativität nicht fehlen. Aus diesem Grunde geht die Übungsdarstellung davon ab, Einzelübungen oder feste Übungsprogramme aufzulisten. Grundlegende Übungen werden jeweils vollständig beschrieben, und Variationsmöglichkeiten zeigen, wie einerseits die Übung geringfügig abgeändert, beziehungsweise die Trainingsintensität erhöht werden kann. Eine solche Übungsstrukturierung versteht sich also nicht als festes Korsett, sondern soll Anstoß zu weiterem »Basteln« und Erfinden von eigenen Übungen geben.

Mit diesen Ideen und Informationen will das Buch Sporttreibende ansprechen, die sich in Eigeninitiative zu Hause sportlich betätigen. Aber auch Lehrkräfte und Übungsleiter können in der reichhaltigen Übungssammlung sicher immer wieder Anregungen für den Unterricht finden.

Bewegen ist ein Bedürfnis

Die Einsicht, daß der Körper Bewegung braucht, und daß man aktiv etwas für seine Gesundheit und Leistungsfähigkeit tun muß, hat sich mittlerweile durchgesetzt. Von der Einsicht zur Tat aber ist ein langer Weg, und es sind immer erst wieder die Folgen unserer ungesunden und bewegungsarmen Lebensweise, die uns diese Tatsache zu Bewußtsein bringen müssen. Überernährung, Fettsucht, Verdauungsprobleme, Schlafstörungen, Bluthochdruck, degenerative Alterskrankheiten und schließlich der Herzinfarkt sind die Zivilisationskrankheiten, die uns allen nur allzu bekannt sind.

Bei den Bemühungen, diese Krankheiten zu bekämpfen, wird das Problem aber leider meist am falschen Ende angepackt: so versucht man sein Idealgewicht und eine gute Figur mit Diäten und Hungerkuren zu verwirklichen. Aber das Abspecken allein bringt nur einen optischen Erfolg und das Problem ist nur oberflächlich gelöst. Die Wurzel allen Übels liegt dann meist weniger in dem »Zuviel« an Essen, sondern auch in dem »Zuwenig« an Bewegung.

In unserem Körper steckt das natürliche Bedürfnis nach Bewegung. Wie stark dies in uns angelegt ist, das sehen wir an Kindern, deren Bewegungsdrang noch deutlich zum Ausdruck kommt. Daß wir dieses Verlangen nach körperlicher Betätigung vielfach schon gar nicht mehr spüren, ist ein alarmierendes Zeichen dafür, daß das Verhältnis zu unserem Körper gestört ist. Der Knochen- und Muskelapparat braucht aber Bewegungsreize, sonst verkümmert er.

Nachdem die Technisierung der Berufswelt mit der Folge, daß immer mehr Menschen ihren Berufsalltag sitzend verbringen, nicht mehr rückgängig zu machen ist, muß für die daraus resultierende Bewegungsarmut ein Ausgleich durch Sport geschaffen werden. Es mag in den meisten Fällen etwas Überwindung kosten, sich sportlich zu betätigen, aber wird Sport erst einmal regelmäßig betrieben, wird man feststellen, daß **Bewegung ein Bedürfnis wie Essen, Trinken und Schlafen** ist. Im Organismus eines gesunden sporttreibenden Menschen werden dann auch wieder natürliche, regulative Mechanismen wirksam: Raucher geben ihre überflüssige Sucht auf, weil sie fühlen, wie der Körper durch Nikotin und Teer beeinträchtigt wird; ungezügelte Appetitanfälle, die oft nur Unzufriedenheit mit sich und seinem Körper kompensieren, werden reguliert; das Diäthalten übernimmt der Körper in Eigenregie; Figur und Haltung straffen sich und strahlen körperliche und seelische Ausgeglichenheit und ein gesundes Selbstbewußtsein aus. Gesundheit, Selbstbewußtsein und Leistungsfähigkeit gehören zusammen. Die Voraussetzung dazu ist das natürliche Verhältnis zum Körper. Bewegung und Sport sind der Weg dorthin.

Theoretische Grundlagen

Bestand die Gymnastik noch zu Turnvater Jahns Zeiten aus einer begrenzten Zahl von »Freiübungen zur körperlichen Ertüchtigung«, so ist daraus heute eine umfassende sportliche Richtung geworden. Unter dem Begriff Gymnastik haben sich im Laufe der Zeit Sportarten der unterschiedlichsten Ausprägung entwickelt, wie zum Beispiel Jazzgymnastik, Entspannungsgymnastik, orthopädische Gymnastik – um nur einige davon zu nennen. Generell lassen sie sich in zwei Richtungen unterteilen: Da sind zunächst die künstlerischen Disziplinen, zu denen z. B. Rhythmische Sportgymnastik zählt; hier steht die Schulung technischer Elemente im Vordergrund, und das Training ist auf Leistungsvergleich ausgerichtet. Eine zweite Gruppe betont in erster Linie den konditionellen Aspekt. Vorrangig ist die Wirkung der Funktion der gymnastischen Übungen auf den Körper, weswegen sich diese Formen auch unter dem Begriff der **Funktionsgymnastik** zusammenfassen lassen.

Zielbereiche der Funktionsgymnastik sind:

☐ Verbesserung der körperlichen Fitness
☐ Bewegungsbildung
☐ Haltungsschulung
☐ Atmungs- und Entspannungstraining.

Aerobic-Gymnastik, Stretching, Reifen- und Seilgymnastik sowie Hanteltraining gehören zur Funktionsgymnastik, und ihr Trainingsziel ist die umfassende körperliche Leistungsfähigkeit bzw. **Kondition**.

Unter **Kondition** versteht man die Summe aller leistungsbestimmenden körperlichen Fähigkeiten und ihre Realisierung durch Persönlichkeitseigenschaften. (Nach GROSSER)

Diese Definition bringt zum Ausdruck, daß Kondition aus einer physischen und einer psychischen Komponente besteht, die sich gegenseitig bedingen und erst zusammen zu einer allgemeinen Leistungsfähigkeit führen.
Kondition und damit körperliches Wohlbefinden wird nur durch regelmäßiges Training erreicht.

Unter sportlichem **Training** versteht man die gezielte Einflußnahme auf den physischen und damit auch auf den psychischen, sowie den sozialen Bereich des Menschen. Es ist ein Verfahren zur
– Optimierung
– Stabilisierung
– Verminderung des Rückgangs der physischen und psychischen Leistungsgrundlagen.

(Nach LETZELTER)

Mit dieser Definition wird deutlich, daß dem Training von Kondition neben seiner Bedeutung für den Hochleistungssport auch eine wichtige Rolle für die Erhaltung und Wiederherstellung der Gesundheit und allgemeinen Leistungsfähigkeit zukommt.

Übungsprogramme können mehr oder weniger auf eine bestimmte Sportart zugeschnitten sein. Skigymnastik legt beispielsweise neben der allgemeinen Konditionsschulung einen inhaltlichen Schwerpunkt auf Beinkräftigung und Imitationsübungen, um auf spezifische konditionelle und technische Anforderungen des Skifahrens vorzubereiten. Spezielle Konditionsschulung ist jedoch vorwiegend im Leistungssport notwendig. Die im folgenden vorgestellten Gymnastikrichtungen richten sich in erster Linie an den Freizeitsportler und haben in ihrer Gesamtheit das Ziel eines **allgemeinen Körper- und Fitnesstrainings.**
Dennoch setzen die einzelnen Gymnastikformen Schwerpunkte: so verbessert Stretching primär die Beweglichkeit, Aerobic-Gymnastik betont den Ausdauereffekt, Reifenübungen die Geschicklichkeit. Sie können Ihr tägliches Trainingsprogramm also nach Lust und Laune, aber auch mit spezieller Zielsetzung zusammenstellen. Darüber hinaus können die hier vorgestellten Übungsprogramme auch anspruchsvoll genug gestaltet werden, um als Abwechslung das Konditionstraining für Leistungssportler zu ergänzen.

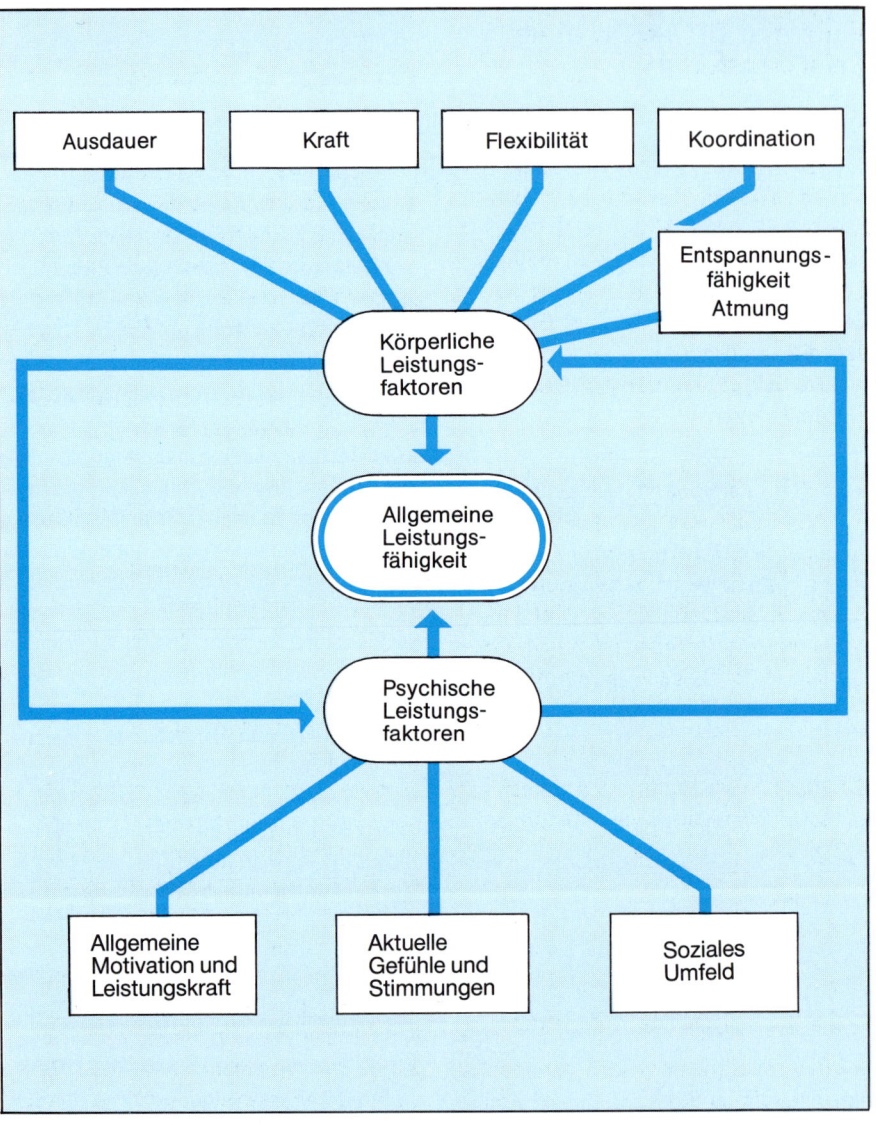

Einflußgrößen auf die allgemeine Leistungsfähigkeit

Faktoren der allgemeinen Leistungsfähigkeit

Physische und psychische Grundlagen tragen also, wie vorher schon gesagt, gleichermaßen zu einer allgemeinen Leistungsfähigkeit bei. Für eine kontrollierte Einflußnahme ist aber nur der physische Bereich zugänglich. Aus diesem Grunde hebt die Sportmedizin in ihrer Definition von Training besonders die biologischen Prozesse hervor.

Im Sinne der Sportmedizin ist sportliches Training das gezielte Setzen von Reizen, die zu morphologischen und funktionellen Anpassungen des Organismus führen. Training ist die Summe aller Maßnahmen zur Steigerung der körperlichen Leistungsfähigkeit. (Nach HOLLMANN)

Die allgemeine körperliche Leistungsfähigkeit setzt sich aus folgenden Komponenten zusammen:

☐ Ausdauer
☐ Kraft
☐ Flexibilität
☐ Koordination
☐ Entspannungsfähigkeit und Atmung.

Warum jede einzelne dieser Komponenten ein unerläßlicher Bestandteil für eine allgemeine Leistungsfähigkeit ist, soll in den folgenden Kapiteln mit Grundlagen aus der Sportmedizin erläutert werden.
Wie diese Faktoren am besten trainiert werden, um eine umfassende Fitness zu erreichen, zeigt dann ein Einblick in die Trainingsmethoden.

Ausdauer

Physiologische Grundlagen

Unter Ausdauer versteht man die Widerstandsfähigkeit des Organismus gegen Ermüdung bei lang andauernder sportlicher Belastung und die anschließende rasche Wiederherstellungsfähigkeit. (Nach HARRE)

Wie lange es dauert, bis der Körper die Arbeit wegen Ermüdung einstellen muß, hängt ab von:

☐ Umfang der beanspruchten Muskelmasse
☐ Weg der Energiebereitstellung
☐ Intensität der Belastung
☐ Vorhandene Menge an Energiespeichern.

Umfang der beanspruchten Muskelmasse
Je mehr Bereiche des Körpers Muskelarbeit verrichten, desto mehr Energie wird benötigt und desto schneller setzt folglich die Ermüdung ein. In der Sportmedizin wird daher nach **allgemeiner** und **lokaler** Ausdauerleistung unterschieden.
Lokal: Weniger als $^1/_6$–$^1/_7$ der Gesamtmuskelmasse ist an der Bewegung beteiligt, wie z. B. beim Schwingen eines Beines.
Allgemein: Wird mehr als $^1/_6$–$^1/_7$ der Gesamtmuskelmasse eingesetzt, handelt es sich um eine allgemeine Ausdauerbeanspruchung, was beispielsweise beim Laufen der Fall ist.

Weg der Energiebereitstellung
Die Energie, die der Muskel zur Kontraktion erfordert, kann entweder auf **aerobem** Weg (d. h. mit Sauerstoff) oder auf **anaerobem** Weg (d. h. ohne Sauerstoff) freigesetzt werden.
Aerob: In chemischer Reaktion wird aus den im Körper gespeicherten Brennstoffen Glykogen und Fettsäure unter Sauerstoffverbrauch die benötigte Energie gewonnen. Bei vollständig aerober Energiebereitstellung stehen die Sauerstoffzufuhr durch die Atmung und der Sauerstoffbedarf im Gleichgewicht. Man spricht von einem Steady-State, in dem der Körper lange und ökonomisch arbeiten kann. Der Nachteil dieser Möglichkeit liegt allerdings darin, daß diese Reaktionen relativ langsam ablaufen und für einen hohen Energiebedarf nicht ausreichen.
Anaerob: Kann der momentane Energiebedarf nicht auf aerobem Weg gedeckt werden, kann zusätzliche Energie auch ohne Sauerstoff zur Verfügung gestellt werden. In diesem Fall werden die Depots im Muskel unter Energiefreisetzung abgebaut. Vorteilhaft hierbei ist die schnelle energetische Anpassung an einen plötzlich hohen Bedarf. Der Nachteil ist jedoch, daß dieser Weg weniger ökonomisch ist und bei dieser Reaktion Milchsäure (Laktat) anfällt, was auf längere Sicht zur Übersäuerung der Muskulatur und damit zur Ermüdung führt.

Intensität der Belastung
Die Entscheidung, ob dieser Energiemehrbedarf aerob oder anaerob gedeckt wird, hängt im wesentlichen von der Intensität der muskulären Beanspruchung ab. Liegt die Intensität im Bereich bis 70% der maximalen Belastung, sind Zufuhr und Verbrauch von Sauerstoff noch im Steady-State, d. h. der eingeatmete Sauerstoff ist ausreichend.
Wenn die Belastungsintensität über 70% hinausgeht, treten zunehmend mehr die

anaeroben Prozesse in Aktion. Je höher die Intensität ansteigt, desto mehr Laktat fällt im Muskel an, was schließlich zum Abbruch der Arbeit zwingt.

Vorhandene Menge an Energiespeichern
Bleibt die Belastung jedoch unter dieser aerob-anaeroben Schwelle, so sind es die im Körper begrenzt vorhandenen Brennstoffdepots, die der Dauer der sportlichen Leistung ein Ende setzen. Ein solches »Aushungern« kann bei Langzeitbelastungen, wie z. B. beim Marathonlauf beobachtet werden; die Sportler nehmen daher ständig energiereiche Nahrung zu sich.
Aufgrund dieser verschiedenen leistungslimitierenden Faktoren kann Ausdauer in folgende Erscheinungsformen unterteilt werden:

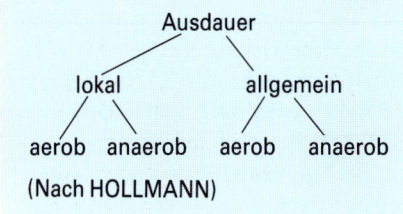

(Nach HOLLMANN)

In den einzelnen Sportarten treten diese Ausprägungen selten rein auf, sondern sind zu unterschiedlichen Anteilen vertreten. Für Laufdisziplinen wurde genau ermittelt, wie die Energie je nach Laufdistanz zu unterschiedlichen Teilen aerob bzw. anaerob erbracht wird. Die prozentuale Verteilung zeigt die folgende Tabelle:

Lauf-distanz	100 m	400 m	1500 m	Marathon
aerober Teil	5%	25%	65%	99%
anaerober Teil	95%	75%	35%	1%

(Nach SUSLOW)

Im sportlichen Leistungstraining spielen also alle Formen, ob lokal, allgemein, aerob oder anaerob, in jeweils anderer Gewichtung eine Rolle. Je nach Zielsetzung und Sportart kann das Ausdauertraining adäquat gestaltet werden.
Für den Breitensport hat die moderne Sportmedizin in den letzten Jahren besonders das allgemeine aerobe Ausdauertraining als ein wirksames Verfahren zur Vorbeugung gegen Herz-Kreislauf-Erkrankungen hervorgehoben. Bei dieser Belastungsform werden günstige Anpassungserscheinungen am Herzmuskel und dem Gefäßsystem festgestellt.

Wirkungen des allgemeinen aeroben Ausdauertrainings

Das **Herz** ist ein Hohlmuskel, der sich bei jedem Herzschlag zusammenzieht und das Blut an die Organe und die Muskulatur pumpt. Wie jeder andere Muskel wird auch das Herz durch Blutgefäße – die Herzkranzgefäße – versorgt. Im normalen Alltag eines untrainierten Menschen schlägt das Herz etwa 60–80mal pro Minute.
Das Herz wird niemals voll ausgelastet und bildet sich folglich zurück. Ein unterentwickeltes Herz ist verstärkt dem Risiko ausgesetzt, daß durch Cholesterinablagerungen die Gefäße verengt werden und die Durchblutung und damit die Sauerstoffversorgung eingeschränkt wird. Die Folge ist der Herzinfarkt – das Absterben ganzer Herzmuskelbezirke.
Bei Ausdauerbelastung arbeitet das Herz längere Zeit mit erhöhter Schlagfrequenz. Das Herz wird trainiert und gewinnt an Größe und Fassungsvermögen.
Der **Blutkreislauf** ist der Versorgungsweg, über den Sauerstoff und Nährstoffe zu den Zellen transportiert werden. Die großen, vom Herzen ausgehenden Blutgefäße, die Arterien, verzweigen sich zunehmend in der Körperperipherie zu Arteriolen und Kapillaren, um alle Zellen des Organ- und Muskelgewebes gleichmäßig zu versorgen. Die durch Bewegung hervorgerufene vermehrte Blutzirkulation erhält dieses Kapillarnetz elastisch und fördert die Kapillarneubildung. Regelmäßiges Training verbessert also die Sauerstoffzufuhr des Muskelgewebes.

Die positiven Auswirkungen auf Herz und Blutkreislauf werden erreicht durch:

☐ ein **allgemeines** Ausdauertraining, in dem möglichst große Körperbereiche in die Belastung miteinbezogen sind
☐ ein **aerobes** Ausdauertraining, in dem die muskuläre Arbeit mit erhöhtem Sauerstoffverbrauch geleistet wird.

Diese positiven Einflüsse auf das Herzkreislaufsystem kommen in mehreren physiologischen Kennwerten zum Ausdruck.
Durch Training vergrößert sich:

☐ das **Schlagvolumen**: die Blutmenge, die bei einer Herzkontraktion ausgestoßen wird
☐ das **Herzminutenvolumen**: die Blutmenge, die das Herz pro Minute durch den Körper pumpt
☐ die **arterio-venöse Sauerstoff-Differenz**: der Unterschied im Sauerstoffgehalt zwischen arteriellem und venösem Blut.

Verbessern sich die eben genannten Einflußgrößen, ergibt sich eine bessere **maximale Sauerstoffaufnahme.**
Umgekehrt bedeutet dies, daß bei gleicher Belastung ein ausdauertrainiertes Herz weniger oft schlagen muß, um dieselbe Menge Sauerstoff ausschöpfen zu können. Das heißt, die Pulsfrequenz, also die Anzahl der Herzschläge pro Minute, ist niedriger.

Ökonomisierung der Herzarbeit

Das Herz des Ausdauertrainierten arbeitet ökonomischer bei Ruhe und Belastung.

Herzschläge in Ruhe	untrainiert	trainiert
pro Minute	60–80	40–60
pro Tag (24 Std.)	100 800	72 000
pro Jahr	36 691 200	26 208 000

Pulsfrequenz

Die Pulsfrequenz ist also ein Indikator für den Trainingszustand. Man unterscheidet:

□ Ruhepuls
□ Belastungspuls
□ Erholungspuls.

Der **Ruhepuls** kann nach einiger Zeit der Ruhe (ca. 30 Min.) im Liegen oder Sitzen genommen werden. Den zuverlässigsten Wert erhält man morgens vor den Aufstehen. Bei Normalpersonen liegt der Ruhepuls zwischen 60 und 80 Schlägen pro Minute, bei extremen Ausdauersportlern hingegen, wie Langstreckenläufern oder Radrennfahrern, sind Ruhepulswerte bis zu 30 Schlägen pro Minute gemessen worden. Der **Belastungspuls** wird während, bzw. sofort nach körperlicher Belastung gemessen. Bei hoher Trainingsintensität liegt die obere Grenze etwa bei **220 minus Lebensalter**. Für aerobes Ausdauertraining liegt die trainingseffektive Pulsbelastung bei ca. 70–85% des errechneten Wertes.

Der **Erholungspuls** wird 3–5 Minuten nach Ende der Belastung genommen. Der Trainingszustand und damit die Erholungsfähigkeit läßt sich an der Differenz zwischen Belastungspuls und Erholungspuls ablesen. Je größer die Differenz innerhalb dieser Zeit, desto besser hat sich der Körper regeneriert.

Erholungspuls geringer als Belastungspuls in %	Ergebnis
10%	schlecht
20%	gut
30%	sehr gut

Wie wird der Puls gemessen?

An zwei Stellen des Körpers kann der Puls leicht und schnell gemessen werden:

□ Handgelenk
□ Halsschlagader.

Mit Zeige- und Mittelfinger (nicht mit dem Daumen) ertastet man den Pulsschlag (siehe Bild 1, 2). Um sich Zeit und langes Zählen zu ersparen, ist es üblich nur 10 Sek. zu stoppen. Diesen Wert multipliziert man mit 6 und erhält so die Pulsfrequenz pro Minute.

Pulsfrequenz bei trainierter und untrainierter Person

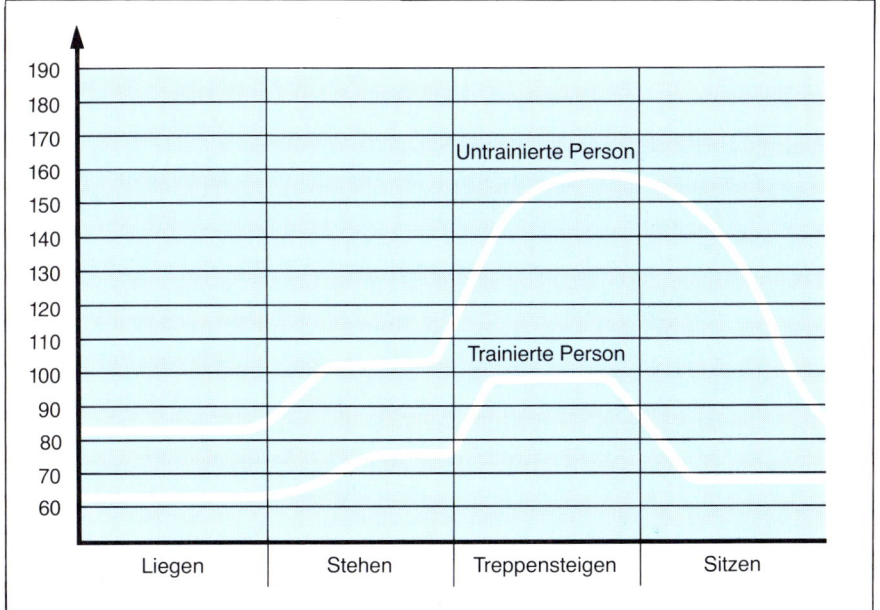

Training von Ausdauer

Zur Verbesserung der allgemeinen aeroben Ausdauer bieten sich für den Freizeitsport zwei Trainingsmethoden an:

☐ Dauermethode
☐ Intervallmethode.

Dauermethode

Bei der **Dauermethode** wird die Belastung über längere Zeit ohne Pausen durchgehalten. Nach diesem Prinzip wird zum Beispiel beim Jogging (»Dauerlauf«) verfahren, oder auch bei der Aerobic-Gymnastik, in der gymnastische Übungen nahtlos aneinander gereiht werden.

Viel diskutiert wird hierbei die Reizintensität, also die Höhe der Belastung, mit der gearbeitet werden soll. HOLLMANN hat ermittelt, daß die Herzfrequenz mindestens 70% der maximalen Schlagzahl erreichen muß, um das Herzvolumen zu vergrößern. Das entspricht im Durchschnitt etwa dem Pulswert 130, der damit als unterste Reizschwelle aufzufassen ist (die Aktion »Trimming 130« bezieht daher ihren Namen).

Trainingswissenschaftler und Mediziner haben bei einer Reizintensität von 70–85% der individuellen Höchstbelastung die besten Trainingswirkungen auf die allgemeine aerobe Ausdauer festgestellt.
Beispiel: Alter 30 Jahre
$220 - 30 = 190$
70–85% von $190 \triangleq 133$–162
Für einen 30jährigen Sportler liegt somit die optimale Pulsfrequenz zwischen 133 und 162 Schlägen pro Minute.

Die Dauermethode kann mit **kontinuierlicher** oder mit **variabler Intensität** erfolgen. Der Intensitätswechsel kann planmäßig durch die Lehrkraft gesteuert werden **(Wechselmethode)** oder es bleibt dem Trainierenden selbst überlassen **(Fahrtspiel)**.

Nach der Reizdauer wird die allgemeine aerobe Ausdauer gegliedert in:

Kurzzeit-ausdauer	Mittelzeit-ausdauer	Langzeit-ausdauer
3–10 Min.	10–30 Min.	über 30 Min.

(Nach HOLLMANN)

Intervallmethode

Im Vergleich zur Dauermethode arbeitet die **Intervallmethode** mit höheren Belastungsreizen, die sich aber mit Erholungsphasen abwechseln. Je nach Belastungsdauer und Intensität unterscheidet man zwischen dem **intensiven** und **extensiven** Intervalltraining. Intensiv wird verfahren, wenn kurzfristig eine hohe Reizintensität erreicht wird. Hierbei sind vorrangig anaerobe energieliefernde Prozesse leistungsbestimmend. Anaerobes Ausdauertraining führt zwar früher zu Ermüdung, hat aber andere ebenso wertvolle Trainingseffekte, so z. B. eine Verbesserung der Stoffwechselprozesse im Muskel.

Bei der extensiven Belastungsmethode ist die Belastungsphase länger, dafür aber weniger intensiv. Neben der anaeroben tritt zunehmend die aerobe Komponente der Ausdauer in den Vordergrund. Die dazwischen geschalteten Pausen bei extensivem und intensivem Intervalltraining sind relativ kurz und sollen keine vollständige Erholung bewirken. Einen Anhaltspunkt zur Pausengestaltung gibt die Pulsfrequenz: ist die Schlagzahl auf 130 gesunken, kann eine erneute Belastungsphase einsetzen. Eine solche Pause wird als »lohnend« bezeichnet, da in verhältnismäßig kurzer Zeit eine möglichst gute Erholung erreicht wird.

	extensiv	intensiv
Reiz-intensität	50–60% der Bestleistung	70–95% der Bestleistung
Pausen	kürzer	länger
Reizdauer	länger	kürzer
Reizumfang	größer	geringer

Dauerlauf, eine Form des Ausdauertrainings

Welche Methode angebracht ist, hängt von der Zielsetzung ab. Im Hinblick auf die positiven Effekte eines aeroben Ausdauertrainings auf das Herzkreislaufsystem, ist für den Fitness-Sportler die Dauermethode oder auch das extensive Intervalltraining vorzuziehen.

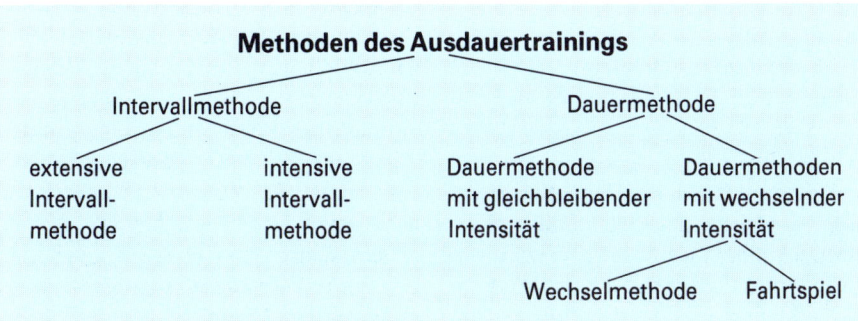

Methoden des Ausdauertrainings

- Intervallmethode
  - extensive Intervallmethode
  - intensive Intervallmethode
- Dauermethode
  - Dauermethode mit gleichbleibender Intensität
  - Dauermethoden mit wechselnder Intensität
    - Wechselmethode
    - Fahrtspiel

Kraft

Der Bewegungsapparat des Menschen ist ein System von Knochen, Gelenken, Bändern, Sehnen und Muskeln. Die Muskeln mit ihrer Fähigkeit zur Kontraktion haben dabei die Rolle eines »Motors des passiven Bewegungsapparates« (NÖCKER).

> Kraft ist die Grundeigenschaft des Menschen, mit deren Hilfe er eine Masse bewegt (den eigenen Körper oder ein Sportgerät), ist seine Fähigkeit, einen Widerstand zu überwinden oder ihm durch Muskeleinsatz entgegenzuwirken.

Wie die Definition zum Ausdruck bringt, ist Kraft eine sehr komplexe Komponente, also ein Sammelbegriff, unter dem die unterschiedlichsten Arten von Muskelarbeit und Muskelanspannung zusammengefaßt sind. Tatsächlich gibt es in der Sportpraxis auch nicht »die Kraft« an sich. Die Kraft eines Sprinters ist beispielsweise völlig anderer Natur wie die eines Turners. Auf diese Erscheinungsformen soll im folgenden noch näher eingegangen werden.

Physiologische Grundlagen

Muskelaufbau

Der Muskel ist eine Funktionseinheit, die sich aus einzelnen Fasern aufbaut. Die Fasern sind durch Bindegewebe zu Faserbündeln und die Bündel wiederum zum Muskel zusammengefaßt. All diese Einheiten sind durch Bindegewebshüllen (Faszien) geschützt.

Die Muskelfasern gehen an beiden Enden des Muskelbauches in Sehnen über, die dann am Knochen ansetzen. Sehnen stellen also die Verbindung zwischen dem aktiven und dem passiven Bewegungsapparat her. Dies ist die Voraussetzung, daß eine Muskelverkürzung auch die Winkelstellung der Gelenke verändert.

Eine Übersicht über die Lage der einzelnen Muskeln gibt das Muskelprofil auf der folgenden Doppelseite.

Die meßbare Muskelkraft ist direkt proportional zum Muskelquerschnitt, der sich aus der Anzahl und der Dicke der Einzelfasern ergibt.

Die Veränderungen des Muskels, die das Krafttraining hervorbringt, beziehen sich erwiesenermaßen auf die Faserverdickung (Hypertrophie), während die Faserzahl nahezu gleichbleibt. In den verdickten Muskelfasern steigt der relative Anteil der kontraktilen Elemente, wodurch die Zugkraft des Muskels vergrößert wird.

Krafttraining bewirkt daneben die Verbesserung der Muskelinnervation. So kann sich die Muskulatur schneller verkürzen. Der Kraftzuwachs ist

- ☐ geschlechtsabhängig
- ☐ altersabhängig
- ☐ typabhängig.

Aus Gründen, die mit dem Hormonhaushalt zusammenhängen, beträgt die absolute Trainierbarkeit der Muskulatur der Frau nur 50–80% von der des Mannes.

Die Trainierbarkeit der Muskulatur in Abhängigkeit von Alter und Geschlecht (in Anlehnung an HETTINGER)

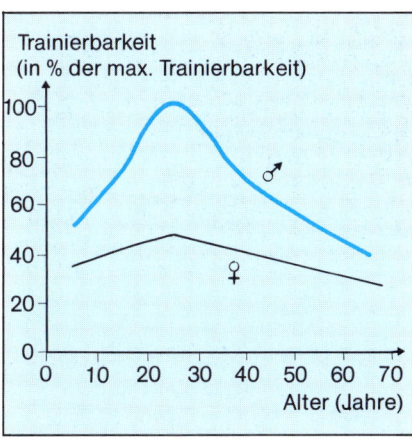

Muskelprofil vorne

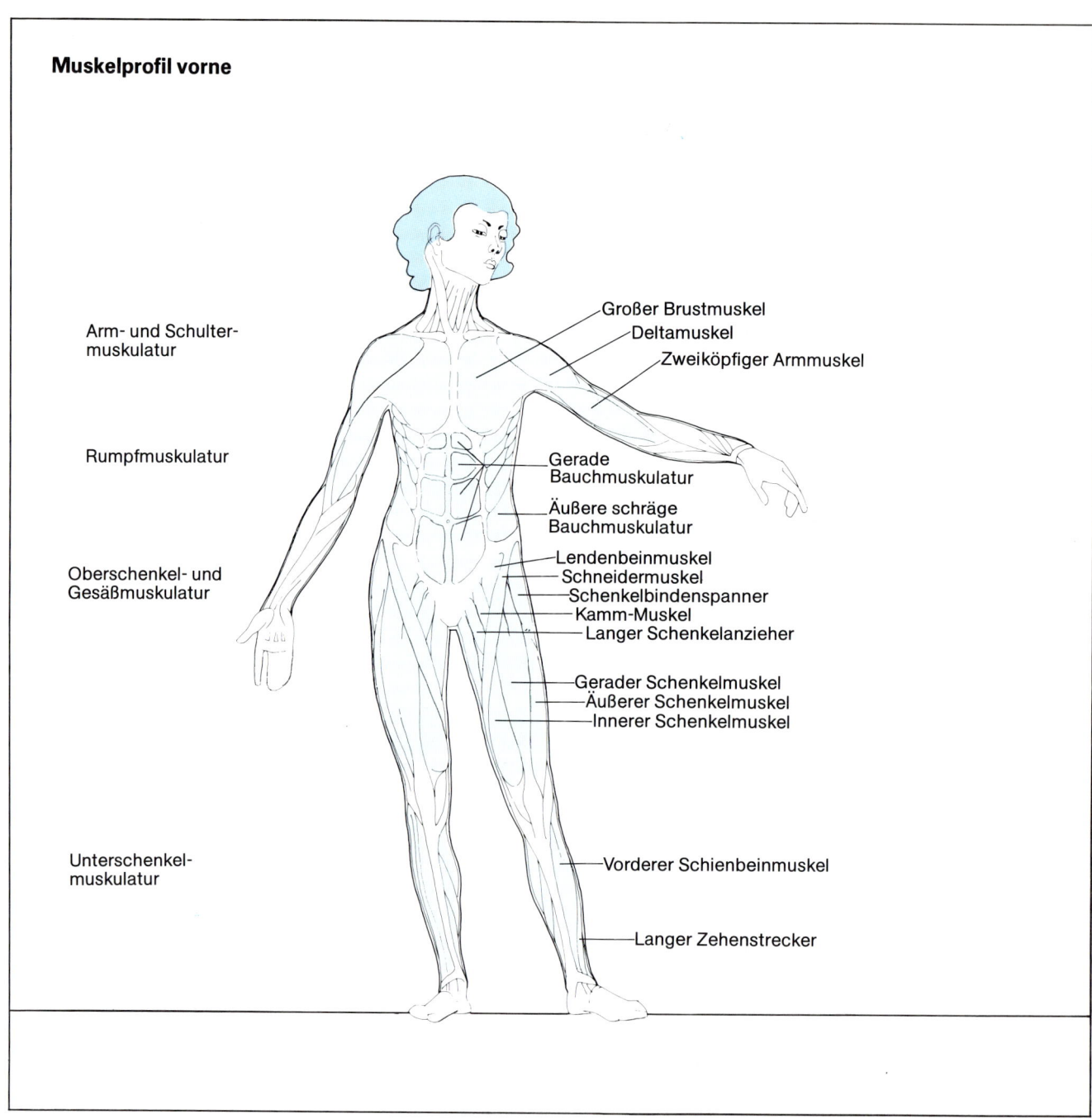

Arm- und Schulter-
muskulatur

Rumpfmuskulatur

Oberschenkel- und
Gesäßmuskulatur

Unterschenkel-
muskulatur

Großer Brustmuskel
Deltamuskel
Zweiköpfiger Armmuskel

Gerade
Bauchmuskulatur

Äußere schräge
Bauchmuskulatur

Lendenbeinmuskel
Schneidermuskel
Schenkelbindenspanner
Kamm-Muskel
Langer Schenkelanzieher

Gerader Schenkelmuskel
Äußerer Schenkelmuskel
Innerer Schenkelmuskel

Vorderer Schienbeinmuskel

Langer Zehenstrecker

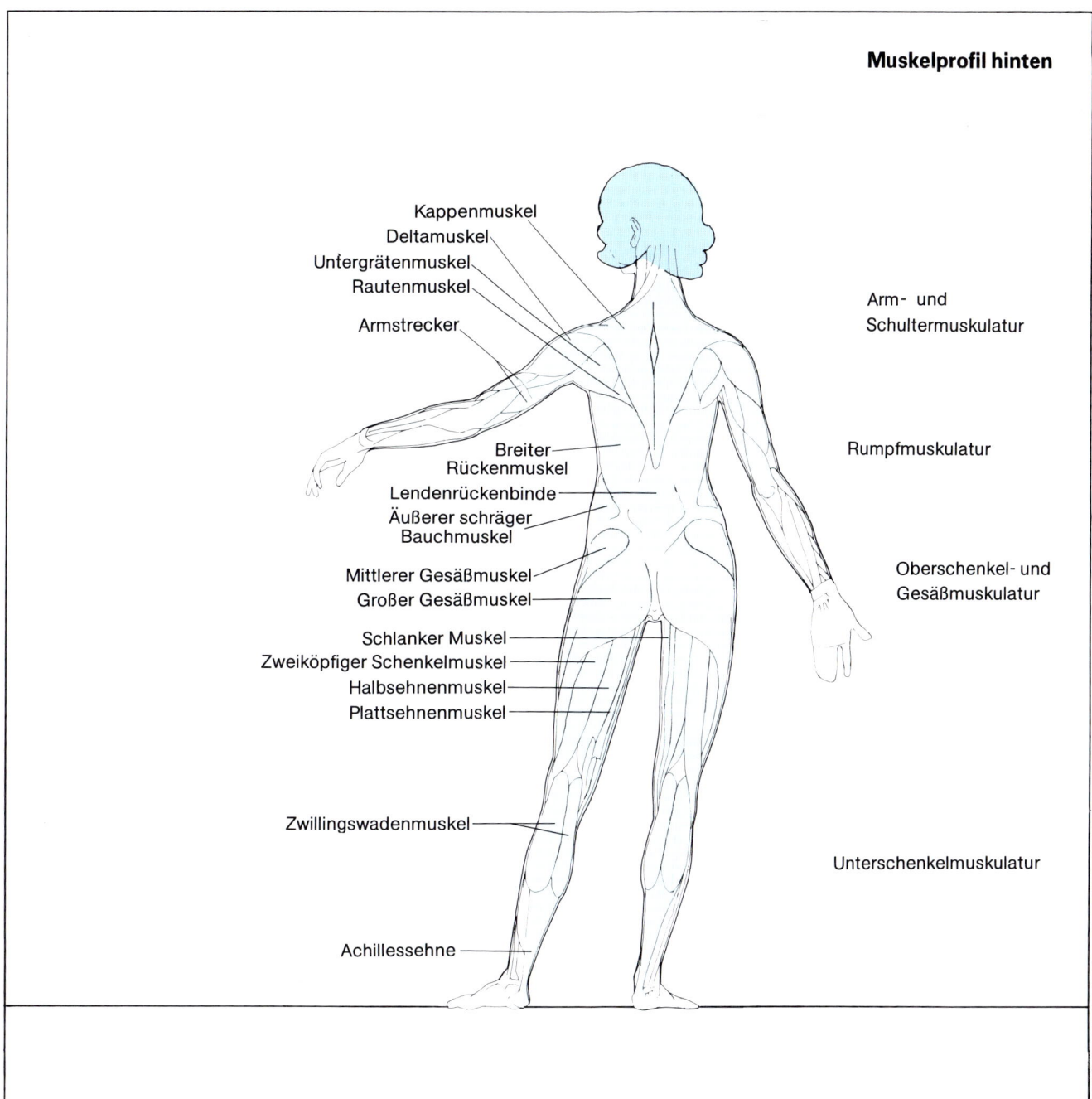

Muskelprofil hinten

Kappenmuskel
Deltamuskel
Untergrätenmuskel
Rautenmuskel

Armstrecker

Arm- und
Schultermuskulatur

Breiter
Rückenmuskel
Lendenrückenbinde
Äußerer schräger
Bauchmuskel

Rumpfmuskulatur

Mittlerer Gesäßmuskel
Großer Gesäßmuskel

Oberschenkel- und
Gesäßmuskulatur

Schlanker Muskel
Zweiköpfiger Schenkelmuskel
Halbsehnenmuskel
Plattsehnenmuskel

Zwillingswadenmuskel

Unterschenkelmuskulatur

Achillessehne

Formen der Muskelarbeit

Statische Haltearbeit: Ohne sichtbare Muskelverkürzung ist die Spannung im Muskel erhöht, um so zu einer äußeren Gegenkraft das Gleichgewicht zu halten. Man spricht hier von **isometrischer Kontraktion.** Statische Muskelarbeit dient der Fixierung bestimmter Körperteile und auch unsere aufrechte Haltung wird dadurch gewährleistet.

Dynamische Arbeit: Bei der Arbeit verkürzt sich der Muskel, und die Stellung der Gelenke zueinander wird verändert. Bei dynamischen Kräftigungsübungen, wie sie in der Gymnastik vorherrschen, wechseln sich Kontraktion und Erschlaffung ab. Dies hat den Vorteil, daß dadurch die Blutzirkulation und damit die Sauerstoffzufuhr an der arbeitenden Muskulatur zusätzlich angeregt wird. Die aerobe Energiebereitstellung ist somit begünstigt, und der Muskel ermüdet nicht so schnell.

Dynamische Muskelarbeit geschieht meist mit **auxotonischer** Muskelanspannung – einer Mischung aus **isotonischer** (Muskelverkürzung bei gleichbleibender Spannung) und **isometrischer** Kontraktion: es erhöht sich zunächst die Spannung gegen einen Widerstand, der sodann mit Muskelverkürzung und gleichbleibender Spannung überwunden wird.

Dynamische Arbeit kann

☐ überwiegend (konzentrisch)
☐ nachgebend (exzentrisch)

geleistet werden.

Zum Beispiel überwindet beim Hochheben des Schultergürtels in der Rückenlage die Bauchmuskulatur die Schwerkraft (Grundübung 36, S. 62). Der Muskel verkürzt sich gegen den Widerstand. Arbeitet der Muskel exzentrisch, gibt er einer größeren Gegenkraft nach und dehnt sich bei gleichzeitiger Anspannung. Das geschieht bei einem Tiefsprung beim Abfangen des Sprunges durch bremsendes Nachgeben in der Beinmuskulatur.

Bedeutung der Kraft für die allgemeine Leistungsfähigkeit

☐ Eine geringe Haltekraft der Muskulatur ist die Ursache für Haltungsschwächen, die zu nicht wiedergutzumachenden Schäden führen und schwere Schmerzen hervorrufen können, wenn nicht rechtzeitig ein ausgleichendes Training einsetzt. Ein Beispiel dafür ist der Hohlrücken, dem durch Kräftigung der geschwächten Bauchmuskulatur entgegengewirkt werden kann.

☐ Die Muskulatur ist von Fettgewebe umgeben, bei der Frau mehr als beim Mann. Übermäßige Fetteinlagerungen führen aber zur Erschlaffung des Gewebes. Durch Muskelkräftigung reduziert sich der Fettanteil, und das gesamte Gewebe wird gestrafft. Viele Frauen sind auch durch Veranlagung mit Zellulitis – einer Erschlaffung des Oberschenkelgewebes – geplagt. Übungen, die die Beinmuskulatur kräftigen, können Zellulitis zwar nicht beseitigen, aber dennoch merklich verbessern.

☐ Eine gleichmäßig ausgebildete Muskulatur lassen Bewegungen darüber hinaus kräftig und geschmeidig werden.

Die in den vorstehenden Absätzen genannten Tatsachen sprechen schon dafür, daß Krafttraining nicht nur für den Mann, sondern auch für die Frau sinnvoll und notwendig ist. Es ist ein Vorurteil, daß Krafttraining nur unerwünschte und unfunktionelle Muskelpakete entstehen läßt. Die Klischeevorstellung ist veraltet, daß die Idealfigur für das »schwache Geschlecht« zerbrechlich und mager sein muß.

Erst eine ausgebildete Körpermuskulatur gibt eine wohlproportionierte Figur und gute Haltung!

Isotonische Muskelarbeit

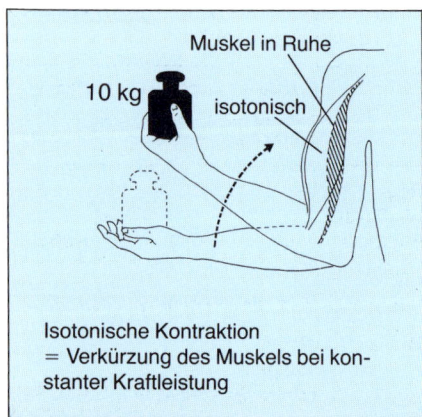

Isotonische Kontraktion
= Verkürzung des Muskels bei konstanter Kraftleistung

Isometrische Muskelarbeit

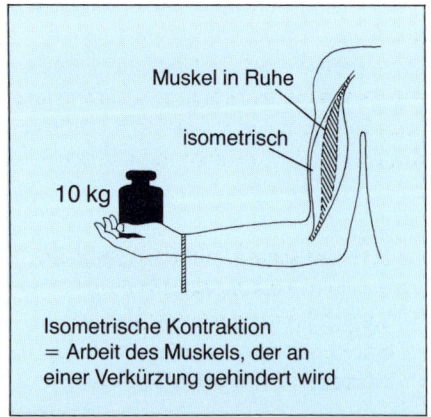

Isometrische Kontraktion
= Arbeit des Muskels, der an einer Verkürzung gehindert wird

Training von Kraft

Je nach Bewegungsform oder auch Sportart tritt die Kraft in den verschiedensten Erscheinungsformen und Kombinationen auf. Für den Zweck der Trainingsplanung und -gestaltung hat man folgende Unterteilung getroffen:

☐ Maximalkraft
☐ Schnellkraft
☐ Kraftausdauer.

Maximalkraft ist, wie der Name schon ausdrückt, die größtmögliche Kraft eines Körperbereiches, die ein Sportler erreichen kann. Diese maximale Leistung braucht z. B. im Wettkampf nur wenige Male hintereinander erzielt zu werden. Gewichtheben ist eine typische Maximalkraftdisziplin.

Schnellkraft ist gekennzeichnet durch eine möglichst explosive Kraftentwicklung. Für eine schnellkräftige Muskulatur ist ein optimales Maß an Grundkraft, Reaktionsschnelligkeit sowie die Feinabstimmung des Muskeleinsatzes (Koordination) erforderlich. Diese Erscheinungsform der Kraft stellt eine Kombination der Leistungsfaktoren Kraft und Schnelligkeit dar. Schnellkraft wird z. B. in allen leichtathletischen Wurfdisziplinen benötigt.

Kraftausdauer wird definiert als die »Ermüdungswiderstandfähigkeit des Organismus bei andauernden Kraftleistungen« (HARRE). Es kommt also darauf an, eine bestimmte Kraft über längere Zeit beizubehalten, wobei diese Kraft je nach Zeitdauer mehr oder weniger unter der individuellen Maximalkraft liegt. Kraftausdauer ist somit eine Zwischenform von Kraft und Ausdauer.

Für Fitnesssportler hat es keinen Wert, das Training einseitig auf die Maximalkraft be-

Bodybuilding trainiert die Maximalkraft

Speerwerfen, eine Schnellkraftdisziplin

stimmter Muskelgruppen auszurichten, wie es fälschlicherweise oft an den Kraftmaschinen geschieht. Maximalkraft und auch Schnellkraft sind für leistungssportliche Disziplinen relevant, für ein allgemeines Leistungsvermögen spielt es jedoch eine untergeordnete Rolle. Statt dessen soll das Training der Kraftausdauer in einem »Ausgleichstraining« zum Alltag im Vordergrund stehen. Gymnastische Kräftigungsübungen, bei denen nur mit dem eigenen Körpergewicht gearbeitet wird, sind von relativ niederer Intensität und verbessern bei hoher Wiederholungszahl gezielt die Kraftausdauer. Auch die vorgestellte Hantelgymnastik legt in ihrer Übungsauswahl den Schwerpunkt besonders auf schwungvolle Übungen, die so eine Verbindung von Kraft- und Herz-Kreislauf-Training darstellen.

> Gymnastisches Krafttraining wird daher nie zu Muskelpaketen wie bei Bodybuildern oder Gewichthebern führen, sondern eine gleichmäßige Kräftigung des Körpers bewirken.

Für das Training von Kraft werden folgende Trainingsmethoden angewendet:

☐ Die **Wiederholungsmethode** mit hohen kurzzeitigen Belastungen und langen Pausen und

☐ die **Intervallmethode** – extensiv und intensiv – mit mehr oder weniger hoher Wiederholungszahl der Übungen im Wechsel mit unterschiedlich kurzen Pausen.

Eine Übersicht über die Kombination von Übungsintensität, Wiederholungen und Pausenlänge bei den genannten Methoden gibt die folgende Tabelle:

	Wiederholungsmethode	Intensive Intervallmethode	Extensive Intervallmethode
Reizhäufigkeit pro Serie	1–5	5–10	10–30
Reizintensität	80–100%	50–80%	30–50%
Pausen	bis zur völligen Erholung	2–5 Min.	30–90 Sek.

Die Auswahl der Trainingsart hängt davon ab, welche Form der Kraft besonders ausgebildet werden soll. Da im Fitnesssport die Kraftausdauer im Vordergrund stehen sollte, bietet sich die extensive Intervallmethode mit mäßiger Reizintensität und häufigen Wiederholungen an. Die Kräftigung in Aerobic-, Seil- und Reifengymnastik verfährt nach dem Prinzip der extensiven Intervallmethode: mehrere Übungsvariationen zu einer Körperregion (z. B. Bauchmuskulatur) führen zu einer hohen Wiederholungszahl für die betreffende Muskulatur, wobei die einzelne Übung vergleichsweise leicht ist, da ohne zusätzliche Gewichtsbelastung gearbeitet wird. Statt jedoch wie im normalen Intervalltraining passive Erholungspausen einzuschieben, geht man zu einem anderen Körperbereich über, und die belastete Muskulatur kann sich inzwischen erholen.

Lediglich die Hantelgymnastik kann, je nach Übung und Wahl des Gewichts, als ein intensiveres Intervalltraining gestaltet werden.

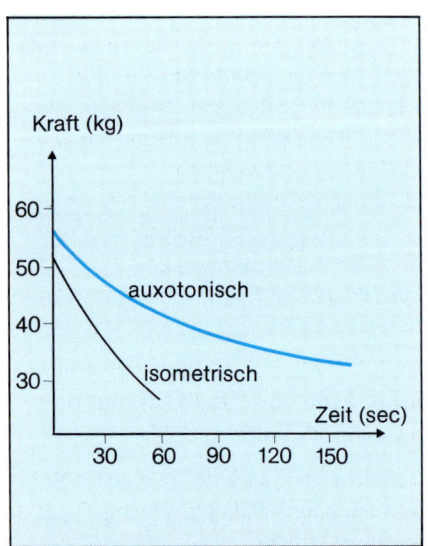

Ermüdung bei dynamischer und statischer Arbeit. (Nach STULL/CLARKE)

Nach der Arbeitsweise der Muskulatur ergeben sich folgende Belastungsarten im Training:

☐ statisch/isometrisch
☐ dynamisch/auxotonisch.

Isometrisches Krafttraining erzielt im Hinblick auf Muskelzuwachs die schnellsten sichtbaren Erfolge. Bei dieser statischen Anspannung mit anaerober Energiegewinnung fällt jedoch vermehrt Laktat an und der Muskel ermüdet schneller. Bei **dynamischer** Bewegung stehen Spannung und Erschlaffung des Muskels im rhythmischen Wechsel. Blut, und damit Sauerstoff, wird vermehrt durch den Muskel gepumpt und die Milchsäurebildung ist relativ gering.

Soll Gymnastik in statischer oder dynamischer Form durchgeführt werden?
Grundsätzlich sind dynamische Übungsformen vorzuziehen, da sie am ehesten den Alltagsbewegungen entsprechen, und die Milchsäurebildung auf niedrigerem Niveau bleibt als bei statischen Kraftanspannungen. Wenn allerdings dynamische Übungen zu leicht sind (oder Sie empfinden sie im Laufe des Trainings als immer leichter), erhöhen Sie ruhig die Muskelspannung. Ein gewisses Maß solcher Muskelspannung ist schließlich auch notwendig zur Fixierung von Gelenken und die Grundlage unserer aufrechten Haltung.

Flexibilität

Unter Flexibilität versteht man die Fähigkeit, Bewegungen mit großer Amplitude auszuführen.
(Nach LETZELTER)

Physiologische Grundlagen

Für Flexibilität sind auch die Begriffe Beweglichkeit, Gelenkigkeit und Geschmeidigkeit gebräuchlich. Besonders der letztere Ausdruck deutet schon darauf hin, daß freie uneingeschränkte Beweglichkeit mit koordinierter Bewegung und mit guter Körperbeherrschung eng verknüpft sind. Die Schwingungsweite der Gelenke wird begrenzt durch:

☐ den anatomischen Aufbau des Gelenkes und dessen gegebenen Freiheitsgraden
☐ die Länge und Dehnungsfähigkeit der Muskelfasern
☐ die Elastizität der Sehnen, Bänder und der Faszie.

Es ist interessant, daß eine durch Training erreichte Flexibilität fast ausschließlich durch eine verbesserte Dehnungsfähigkeit der Muskelfasern und der Faszien zustande kommt. Nur in geringem Ausmaß können dagegen Länge und Elastizität der Sehnen beeinflußt werden, und vor allem im Erwachsenenalter sind hierfür die Grenzen eng gesteckt. Diese Tatsache soll aber nicht entmutigen, denn die Trainierbarkeit von Flexibilität ist dennoch beträchtlich – bei Männern genauso wie bei Frauen. Zugegebenermaßen stehen die Männer in der Flexibilität den Frauen von Natur aus um einiges nach, da das Gewebe von Frauen einen höheren Anteil von Fett und Wasser auf-

weist und dadurch dehnungsfähiger ist. Mit etwas Training können Männer allerdings den weiblichen Vorsprung durchaus verringern, wenn nicht sogar aufholen. Einen Beweis dafür, daß das möglich ist, liefern die Turner, für die selbst der Spagat kein Problem mehr ist!

Muskeldehnung

Der Dehnungswiderstand der Muskeln verläuft nicht gleichförmig, sondern steigt mit zunehmender Dehnung an. Zu Beginn geben die kontraktilen Elemente in den Muskelfasern nach, da sie sich relativ leicht verformen lassen. Erst bei weiterer Dehnung wird den einwirkenden Kräften wachsender Widerstand entgegengesetzt. Dies wird durch zwei sich im Muskel befindliche sensible Organe – sogenannte Rezeptoren – ausgelöst, die Länge und Spannungsgrad in der Muskulatur registrieren:

☐ die Muskelspindeln und
☐ die Sehnenspindeln.

Die **Muskelspindel** ist parallel zum Faserverlauf in den Muskelbündeln eingelagert und nimmt an jeder Längenveränderung des Muskels teil. Ab einem bestimmten

Spannungsreiz reagiert die Muskelspindel mit einem Signal. Der **Sehnenrezeptor** sitzt am Übergang zwischen Muskel- und Sehnenfasern. Wegen seiner Lage ist er ein Sensor sowohl für Dehnung als auch für Kontraktion, da in beiden Fällen an dem Übergang eine Spannungszunahme auftritt. Die Reizschwelle liegt beim Sehnenrezeptor wesentlich höher als bei der Muskelspindel.

Reflexbogen des Dehnungsreflexes

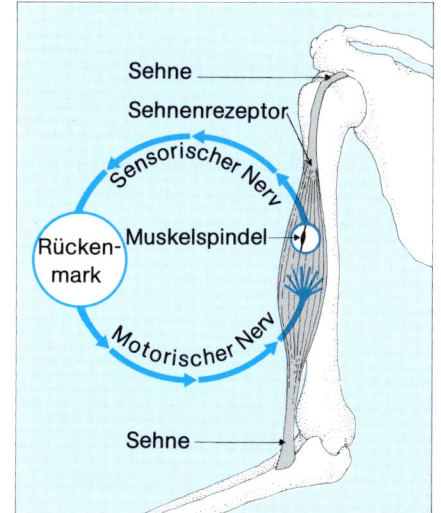

Wird nun ein Muskel überschwellig gedehnt, bedeutet das einen Reiz für die Muskelspindel – der sogenannte **»Dehnungsreflex«** wird ausgelöst. In einem Reflexbogen geht ein Signal an das Rückenmark, wo es unter sofortiger Umschaltung, d. h. ohne Einbeziehung des Gehirns, einen Impuls zur Gegenreaktion an den betreffenden Muskel abschickt. Das ist der physiologische Vorgang, den wir als ersten Widerstand bei Dehnungsübungen spüren. Der Sehnenrezeptor sorgt dafür, daß das reflektorische Zusammenziehen des Muskels nicht zu stark ausfällt und schwächt die impulsgesteuerte Kontraktion ab. Wenn die Dehnung dennoch über diese erste Grenze hinausgeht, z. B. durch äußere Einwirkung, wird durch einen weiteren Reflex ein Signal zur Erschlaffung des Muskels gegeben, um eine vorzeitige Verletzung zu verhindern. Reflexauslöser ist in diesem Fall die Sehnenspindel. Diese autogene Hemmung sowie der vorher genannte »Dehnungsreflex« haben grundsätzlich die notwendige Aufgabe, den Dehnungszustand der Muskeln zu regulieren. Durch einen Mangel an Bewegung wird die Flexibilität zunehmend eingeschränkt; die Muskeln sind nicht geschmeidig genug, und oft nur geringe Überdehnung genügt, um sich durch eine Überreaktion der Reflexe Verletzungen zu holen.

Bedeutung von Flexibilität für den Freizeitsportler

Warum müssen auch im Training für Nicht-Leistungssportler Übungen für die Flexibilität enthalten sein?

Vielseitige Dehnung für mehr Bewegungsfreiheit.
Hier im Grätschsitz:
Vor- bzw. Drehbeugen des Oberkörpers

□ Ein nur mäßiger Bewegungsausschlag
behindert die Bewegungsfreiheit. Unge-
hemmtes, gewandtes Bewegen setzt
voraus, daß eine gewisse Bewegungs-
weite in den Gelenken vorhanden ist. Da
die Gelenkigkeit mit dem Alter ab-
nimmt, sind Dehnungsübungen gerade
für Erwachsene notwendig.

□ Beweglichkeit ist damit auch die Voraussetzung für das Erlernen komplizier-
terer Fertigkeiten, die ein hohes Maß an
Koordination erfordern (siehe S. 24).

□ Beweglichkeit vermindert die Verlet-
zungsanfälligkeit.

□ Vor einer Kontraktion muß der Muskel
vorgedehnt sein. Es ist erwiesen, daß
ein Muskel bei 20% Vordehnung über
die Ruhelage hinaus erst optimale Kraft
entwickelt. Für die Trainingspraxis ergibt sich daraus, daß auch in Kraftsport-
arten Dehnungsgymnastik integriert
werden muß.

Training von Flexibilität

Verbesserung der Beweglichkeit ist also im
physiologischen Sinne ein Anheben der
Empfindlichkeitsschwelle des Reflexme-
chanismus. Dies kann auf mehrere Arten
erreicht werden:

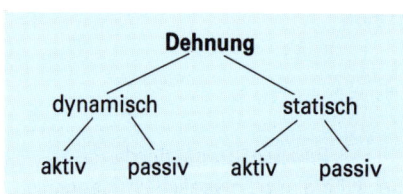

Dehnung
dynamisch   statisch
aktiv   passiv   aktiv   passiv

Weitverbreitet ist die **dynamische** Dehnungsmethode, in der man sich durch kurzes Wippen oder Federn mehr und mehr an
seine persönliche Dehngrenze »heranta-
stet«. Bitte verwechseln Sie diese Art der
Dehnung nicht mit einem ruckartigen Ziehen bis zum maximalen Bewegungsausschlag oder gar darüber hinaus! Sehnen
und Muskeln sind elastische Strukturen,
die bei plötzlicher Überdehnung reißen.
Heldenhaftes »Sich-selbst-Überwinden«
hat also hier nichts zu suchen! Um die Ge-

fahr zu vermeiden, daß man seine eigene
Schmerzgrenze »überhört«, kann man
auch bewußt und langsam dehnen. Durch
einen kontinuierlichen Zug erfühlt man seine eigene Grenze und läßt sodann wieder
nach. Dies wird mehrmals wiederholt.
Mit der dynamischen Ausführung wird zusätzlich neuromuskuläre Koordination geschult und damit ein ungehindertes groß-
räumiges Bewegen erreicht.
Neben diesem dynamischen, federnden
Dehnen gibt es auch die **statische** Methode, die unter dem Namen »Stretching« zunehmend Verbreitung gefunden hat. Man
erfühlt langsam die für sich individuell gerade noch angenehme Dehnungsposition
und verbleibt dort unter bewußter Entspannung.
Beim gehaltenen Stretch wird der Dehnungsreflex einmal aktiviert, aber da nicht
nachgegeben wird, erschlafft der Reiz zur
Kontraktion allmählich, der Muskel wird
weich und dehnungsfähig. Daher kann
nach einiger Zeit die Stretchposition erweitert werden. Zudem wird die Annahme vertreten, daß je langsamer und sanfter der
Dehnungsreiz auf den Muskel einwirkt,
auch der Dehnungsreflex um so milder
ausfällt. Die konzentrierte Entspannung hat
darüber hinaus zum Ziel, auf vegetative
Prozesse im Körper Einfluß zu nehmen und
die Spannung im Muskel zu reduzieren –
ein weiterer Faktor, der das Dehnen positiv
unterstützt.

Dynamisches Federn oder Stretching?
Trainingswirksam ist also erwiesenermaßen die dynamisch wie auch die statische
Methode. In der Aerobic-Gymnastik wird
dynamisch gedehnt, einesteils wegen des
vorherrschenden Rhythmus, anderenteils
aber auch weil bei der federnden Ausführung der Muskel stärker durchblutet wird

und damit der Effekt des Ausdauertrainings gewahrt bleibt. Trotzdem kann zwischenzeitlich auch kurz statisch gearbeitet werden. Das reine Stretching hat hingegen gänzlich anderen Charakter. Das ruhige konzentrierte Halten will neben Flexibilitätsverbesserung auch die physische und psychische Entspannung fördern. Welche Methode Sie letztendlich vorziehen, hängt von Ihrer Zielsetzung, genauso aber auch von Ihrem Typ und Ihrer Einstellung ab. Das Training von Flexibilität kann weiterhin auf **aktive** oder **passive** Art und Weise geschehen. Die aktive Dehnung eines Muskels wird alleine durch die Kontraktion des entgegenwirkenden Muskels (Antagonist) bewirkt. Bei federndem Dehnen arbeitet dieser Antagonist dynamisch, bei Stretching statisch. Im Gegensatz dazu wird die passive Dehnung ohne eigene muskuläre Leistung mit Hilfe eines Gerätes oder mit Partner ausgeführt. Im Fitnessbereich ist es empfehlenswert, **aktiv** ohne Partnerunterstützung zu trainieren, denn für eine allgemeine Leistungsfähigkeit ist extreme passive Beweglichkeit nicht notwendig. Das Ausmaß der Dehnungsfähigkeit ist zudem abhängig von:

☐ Erwärmung
☐ Tageszeit
☐ Motivation.

Es kann gar nicht oft genug hervorgehoben werden, wie wichtig die Erwärmung der Muskulatur für deren elastische Eigenschaften ist. Durch erhöhte Körpertemperatur nach einer Erwärmung wird die Viskosität, d. h. die innere Reibung der Muskulatur, entscheidend herabgesetzt. Ein effektives Dehnungstraining kann und darf daher nur nach ausreichender Erwärmung erfolgen. Den Zusammenhang zwischen Erwärmung und Muskelelastizität untersuchte

GROSSER und verglich die verschiedenen Methoden zur Erwärmung.
Er stellte eine Rangfolge entsprechend ihrer Wirksamkeit auf, die in der folgenden Tabelle dargestellt ist:

1. 5 Min. Wannenbad bei 40°
2. 15 Min. spezielles Aufwärmen
3. 20 Min. Handmassage
4. Mentales Aufwärmen
5. 15 Min. allgemeines Aufwärmen
6. 15 Min. Aufwärmen über ein Spiel
7. Kein Aufwärmen bei 20°
8. Kein Aufwärmen bei 10°.

Aber auch tageszeitliche Schwankungen müssen bei einem Training von Flexibilität berücksichtigt werden. Der intramuskuläre Dehnungswiderstand nimmt im Laufe des Tages ab. Je früher am Tag also ein Dehnungstraining angesetzt wird, desto wichtiger ist eine gründliche Erwärmung, um keine Verletzungsgefahr einzugehen.

Koordination

Wenn die Muskulatur gut ausdauertrainiert, kräftig und beweglich ist, ist noch nicht notwendigerweise eine gute Bewegungsausführung gewährleistet. Dazu muß erst die Frage über das »Wann, Wo und Wieviel« des Muskeleinsatzes optimal gelöst werden, bis man von gut »koordinierter« Bewegung sprechen kann.

> Koordination ist das Zusammenwirken von Zentralnervensystem und Skelettmuskulatur innerhalb eines gezielten Bewegungsablaufes.
> (Nach HOLLMANN)

Physiologische Grundlagen

Nerv und Muskel – eine motorische Einheit

Das Signal zu einer Muskelkontraktion gibt ein nervöser Reiz, der von den Nervenzentren des Gehirns und des Rückenmarks zu den betreffenden Muskeln gesendet wird. Ein Nerv und die ihm zugehörigen Muskelfasern, die gemeinsam in Aktion treten, nennt man eine motorische Einheit. Ein Muskelstrang besteht aus vielen motorischen Einheiten, deren Anzahl pro Muskelstrang beträchtlich variiert. Je weniger Muskelfasern von einem Nerv innerviert werden, desto feiner kann die Bewegung abgestuft werden, d. h. für so differenzierte Bewegungen, wie im Gesicht und mit den Händen möglich sind, müssen die motorischen Einheiten besonders klein sein. Gut koordinierte Bewegungen erfordern ein fein abgestimmtes **neuromuskuläres Zusammenspiel**, also ein genaues Zusammenwirken von Nerven und Muskeln. Für die feine Abstufung des Muskeleinsatzes und die daraus folgende Kontraktionsstärke ist ausschlaggebend, wie viele Fasern innerhalb eines Muskels aktiviert werden (**intramuskuläre Koordination**). Kein Muskel aber agiert für sich alleine, sondern jedem Muskel ist ein »Gegenspieler« zugeordnet. Man spricht von Agonist und Antagonist. Kontrahiert sich der Agonist, muß sich automatisch der Antagonist dehnen. Ein solches Zusammenwirken von Kraft und Gegenkraft hat die Aufgabe, die Bewegungsstärke zu dosieren und somit eine präzise Bewegungsführung zu ermöglichen. Ohne diese **intermuskuläre Koordination** sind die Bewegungen entweder gehemmt und verhalten oder weiträumig und unkontrolliert. Nahezu jede Bewegung besteht aber aus dem Zusammenwirken mehrerer solcher Funktionspaare, die zu sog. **Muskelschlingen** zusammengefaßt werden. So spricht man z. B. von der Beugungsschlinge des Beines, die alle Muskeln umfaßt, die die Beinbeugung bewirken. Eine gute intra- und intermuskuläre Koordination ist nur durch Übung zu erreichen.

Bedeutung von Koordinationsschulung für eine umfassende körperliche Leistungsfähigkeit

☐ Exakte Bewegungen sind für den Sport wie auch für den Alltag von großer Bedeutung und werden erst durch wiederholtes Üben möglich.

☐ Mit dem Erlernen neuer Bewegungen wird der Bewegungsschatz erweitert. Je größer die Bewegungserfahrung ist, desto leichter und schneller kann man sich wieder neue Fertigkeiten aneignen. Die motorische Lernfähigkeit wird also verbessert.

☐ Durch ein im Training verbessertes neuromuskuläres Zusammenspiel wird der Krafteinsatz ökonomischer. Unnütze Mitbewegungen werden ausgeschaltet – die Bewegungen scheinen leichter und geschmeidiger.

Gute Koordination der Bewegungen ist nicht angeboren, sondern erlernt. Sie spart einerseits Kraft und ermöglicht andererseits erst harmonische »runde« Bewegungen.

Schulung von Koordination

Dieser Teilbereich der allgemeinen Leistungsfähigkeit kann nicht wie andere motorische Grundeigenschaften isoliert trainiert werden. Mit Kraft-, Ausdauer- und Flexibilitätsübungen werden jedoch nicht nur kräftigende, sauerstoffversorgende und elastische Wirkungen erzielt, sondern gleichzeitig auch das intra- und intermuskuläre Zusammenspiel verbessert. Eine Übung stellt um so höhere Anforderungen an die neuromuskuläre Steuerung, je mehr unterschiedliche Teilaktionen daran beteiligt sind. Einzelübungen ohne Musik und Gerät sind daher im Hinblick auf die Koordination am einfachsten. Aber schon ein durch Musik vorgegebenen Rhythmus, auf den sich die Körperbewegung zusätzlich abstimmen muß, erschwert die Übung. Werden noch Geräte, wie Seil oder Reifen in die Übung mit einbezogen, müssen drei Variable – Bewegung, Musik und Gerät – in Einklang gebracht werden. Das gilt vor allem dann, wenn Reifen oder Seil nicht gehalten, sondern unabhängig geschwungen oder rotiert werden.

Beispiel: Eine einfache Oberkörperseitbeuge im Grätschstand wird koordinativ schwieriger gestaltet, wenn sie mit Seitverlagerungen kombiniert wird und sich einem Musikrhythmus anpassen muß. Zusätzliches Rotieren mit dem Reifen macht die Übung zu einer hochgradigen Koordinationsübung (siehe Bildreihe). Für das Training von solch komplexen Übungen ergibt sich daraus, daß mit einer einfachen Bewegung angefangen werden muß, die sich durch wiederholtes Üben festigen soll, bis sie ohne Nachdenken – automatisiert – abläuft. Erst dann kann auf diese Übung aufgebaut werden, da das Bewußtsein für neue Bewegungen frei ist. Der

Abhängigkeiten von motorischen und kognitiven Fähigkeiten beim Koordinationstraining

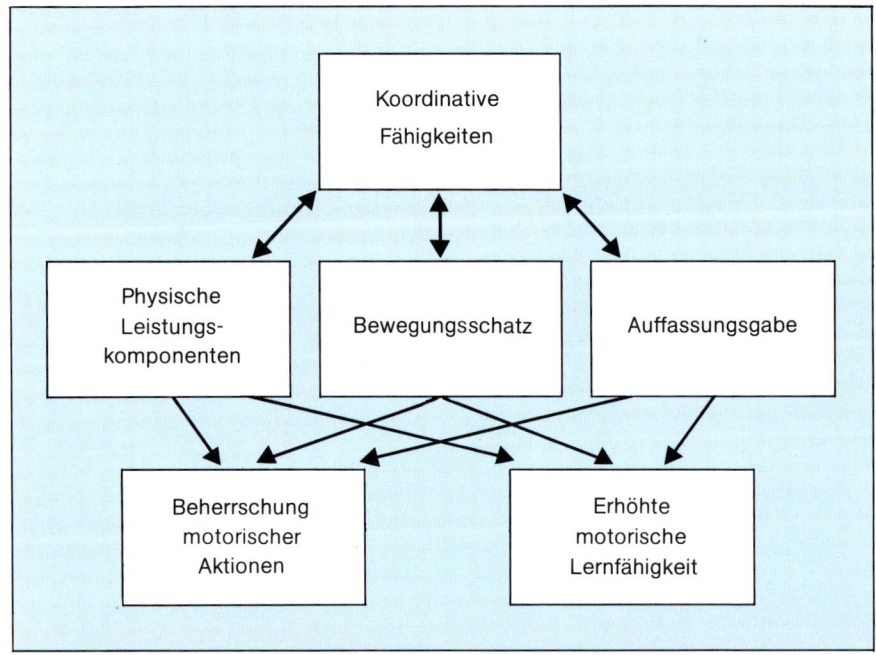

Durch Hinzunahme eines Gerätes kann der koordinative Anspruch einer Übung gesteigert werden

Grad der Komplexität kann allmählich zunehmen und die Koordination wird geschult. Mit solchem Koordinationstraining wird aber nicht alleine der Bewegungsschatz erweitert, sondern übergreifend das Auffassen und Umsetzen von Bewegungen, d.h. die motorische Lernfähigkeit verbessert.

Dieser Erkenntnis wird im Praxisteil durch die Übungsstrukturierung Rechnung getragen: eine leichte Grundübung steht zu Beginn, die, erst wenn sie automatisiert ist, schrittweise variiert und kombiniert werden kann.

Zusätzlicher Effekt: Durch mehr Teilaktionen wird eine Übung nicht nur koordinativ schwieriger, sondern auch anstrengender!

Entspannungsfähigkeit und Atmung

Der Entspannungsfähigkeit und Atmung als Komponenten der allgemeinen Leistungsfähigkeit werden in der Regel zu wenig Bedeutung beigemessen. Immer mehr Menschen leiden an Verspannungen in der Muskulatur, die auf Dauer unangenehme Schmerzen bereiten. So sind z.B. Verhärtungen im Rückenbereich geradezu symptomatisch für alle Sitz- und Schreibtischberufe. Muskelverhärtungen, die nur noch durch Massagen behoben werden können, sind zu einer echten Zivilisationskrankheit geworden.

Entspannungsfähigkeit bezieht sich aber auch auf den psychischen Bereich. Durch die Fähigkeit, sich zu entspannen, können die vielfältigen täglichen Stressoren, wie beispielsweise Lärm oder Erfolgszwang, besser bewältigt werden, denn das »Abschalten« vom hektischen Alltag ist für viele Menschen schon keine Selbstverständ-

lichkeit mehr, sondern zu einer Kunst geworden. Für die Erhaltung von Gesundheit ist körperliches und seelisches Abspannen aber unbedingt notwendig.

Inhalt eines Entspannungstrainings ist es, dieses Ausspannen und Erschlaffen des Körpers willentlich steuern zu lernen. Über den Weg einer körperlichen Entspannung kann auch entkrampfend auf die Psyche eingewirkt werden.

Ziele eines Entspannungstrainings:

☐ Muskuläre Entspannungs- und Erholungsfähigkeit
☐ Normalisierung der Körperfunktionen (Herz- und Atemfrequenz, Muskeltonus)
☐ Steigerung der Streßwiderstandsfähigkeit
☐ Verminderung unangenehmer Stimmungszustände.

Bei allen Entspannungsübungen spielt die Atmung eine zentrale Rolle. Durch richtiges Atmen, d.h. ruhige tiefe Atemzüge, wird ei-

Atem- bzw. Entspannungsübung

Die gegebene Reihenfolge der Muskelpartien soll in etwa eingehalten werden:

1. Hände	7. Brust
2. Arme	8. Bauch
3. Gesicht	9. Gesäß
4. Hals	10. Beine
5. Schultern	11. Füße
6. Rücken	12. Zum Abschluß der gesamte Körper.

Das Bewußtsein soll sich ganz auf die entsprechende Körperpartie konzentrieren und die gesteigerte Spannung, den Übergang von Anspannung zu Entspannung und schließlich das völlige Gelöstsein erleben. Es ist erwiesen, daß auf diese Weise der Erholungsprozeß nach dem Sport bemerkenswert beschleunigt wird. Die meditative Hinwendung auf den eigenen Körper schult zudem das Körperempfinden.
Eine andere Art, mit der auf die psychische und physische Wiederherstellung nach sportlicher Belastung positiv eingewirkt werden kann, sind **atemgymnastische Übungen.** Tiefes und regelmäßiges Ein- und Ausatmen steht dabei im Mittelpunkt der Übung. Das Einatmen wird begleitet von einer aktiven Erweiterung des Brustkorbes, z. B. durch Aufrichten des Oberkörpers mit einem großen Armkreis. Zum tiefen Ausatmen fällt der Brustkorb locker nach vorne, wodurch das Lungenvolumen bei gleichzeitiger Entspannung verkleinert wird. Dieser langsame Wechsel von Brustkorberweiterung und -verkleinerung ist der Kern aller atemgymnastischen Übungen. Beispiele dazu sind im Entspannungsteil der Aerobic-Gymnastik zu finden.
Fünf Minuten aktive Erholung am Ende einer Trainingseinheit ist wohltuend und schafft einen guten Übergang zurück zum Alltag.

nerseits der Gasaustausch in der Lunge begünstigt, andererseits auch beruhigend auf das vegetative Nervensystem eingewirkt. Atmung und Entspannung stehen in einem Wechselverhältnis.

Nur wer richtig atmet, kann sich entspannen, aber auch nur wer sich richtig entspannt, kann richtig atmen.

Schulung der Atmung und Entspannungsfähigkeit

Von standardisierten Trainingsmethoden mit festgelegter Reizintensität, -dauer usw. kann in diesem Fall nicht mehr gesprochen werden, da man schon in den Grenzbereich des meßmethodisch Erfaßbaren gelangt. Dennoch gilt der Trainingsbegriff auch für diesen nichtmotorischen Bereich: autogenes oder meditatives Training sind im Leistungs- und Breitensport integriert.

Aus der Vielzahl der in der Verhaltenstherapie entwickelten Verfahren soll hier nur die **»Tiefmuskelentspannung«** (TME) von JACOBSEN (1938) herausgegriffen werden, mit der man im Leistungssport schon gute Erfahrungen gemacht hat. Diese Entspannungstechnik, auch »progressive relaxation« genannt, stellt eine Vorstufe des autogenen Trainings dar und eignet sich besonders für den Sport, da sie leicht und schnell erlernbar ist. Die Tiefmuskelentspannung stützt sich auf die Erkenntnis, daß eine vorausgehende verstärkte muskuläre Anspannung eine folgende Entspannung intensiviert.
Die TME wird folgendermaßen durchgeführt: In einer entspannten Position, am besten in der Rückenlage, wird die Konzentration zunächst auf eine tiefe, ruhige Atmung gelenkt. Sodann werden in etwa 10 Minuten alle Hauptmuskelgruppen des Körpers isoliert nacheinander langsam und intensiv angespannt – und dann wieder entspannt.

Die »beste« Sportart gibt es nicht

Aerobic-Gymnastik, Stretching, Gymnastik mit Gewichten, Reifen- und Seilgymnastik – bei allen handelt es sich um neue Bewegungsformen, die sofort mit Überschwang begrüßt wurden. Die Begeisterung führte aber leider auch so weit, daß beispielsweise Aerobic-Gymnastik oder auch Stretching in einem schon fast blinden Eifer mit der Aura des Alleinseligmachenden umgeben worden sind. Spektakuläre

Schlagzeilen verstärkten diese Tendenz nur zusätzlich. Wie ist dann möglich, daß plötzlich all diese Sportarten nebeneinander in einem Buch Platz finden können? Es ist mit Sicherheit keine raumfüllende Kompromißlösung, sondern ganz das Gegenteil. Das Aufleben der Gymnastik mit all ihren neuen Formen brachte eine willkommene Bereicherung der Fitnessgymnastik.

Die »beste« Sportart zur Erreichung von Vitalität und allgemeinem körperlichen Wohlbefinden gibt es nicht.

Es ist ein Anliegen dieses Buches, zu zeigen, daß jede einzelne Stilrichtung der ausgewählten Gymnastikformen ihren Wert hat und daß Sie sich sogar sinnvoll ergänzen. Bei allen steht zwar die Entwicklung der allgemeinen Leistungsfähigkeit im Vordergrund, dennoch setzen sie aber bedingt durch ihre Unterschiedlichkeit verschiedene Schwerpunkte (Übersicht):

Entsprechend Ihrer persönlichen Trainingsambition können Sie entweder gezielt die Variante wählen, die am ehesten Ihre Schwächen trifft – zur Einschätzung solcher eventueller Schwächen und auch des sportlichen Niveaus überhaupt, kann der Konditionstest helfen – oder Sie wählen und wechseln einfach nach Lust und Laune. Eine Anregung dazu, wie die fünf Formen auch untereinander kombinierbar sind, geben die vorgeschlagenen Mixprogramme im Anschluß an die Übungskapitel. Aber auch die einzelnen Untergruppen verstehen sich nicht als ein fest abgestecktes Trainingsprogramm: Die Zusammenstellung der Übungen nach Grundübungen, die verschiedenartig variiert werden, sollen zeigen, wie jeder selbst weiter kreativ im Finden von neuen Übungen sein kann. Kreativität und Rhythmik, dynamisch-schwungvoll oder meditativ-entspannend, tänzerisch oder so richtig schweißtreibend – mit dieser Vielfalt von Möglichkeiten, die in der neuen Gymnastik stecken, wird es hoffentlich nie soweit kommen, daß der Trainingsalltag langweilig und grau wird.

Wirkungsbereiche der Gymnastikprogramme

	Trainingswirkung	
Aerobic-Gymnastik	Ausdauer Kraft Flexibilität	Rhythmusempfinden Armung und Entspannungsfähigkeit
Stretching	Flexibilität Entspannungsfähigkeit und Atmung	
Gymnastik mit Gewichten	Kraft Ausdauer	
Seilgymnastik	Flexibilität Kräftigung Koordination	
Reifengymnastik	Flexibilität Kräftigung Koordination	

Allgemeine Trainingsprinzipien

In den vorangegangenen Kapiteln wurde die allgemeine Leistungsfähigkeit in ihre Komponenten aufgeschlüsselt und es sollte mit Hilfe eines Einblicks in sportmedizinische Grundlagen verdeutlicht werden, **warum** jede dieser Komponenten so wichtig für eine allgemeine Gesundheit und die sportliche Form ist.
Neben den schon erwähnten Trainingsmethoden gibt es übergeordnete Trainingsprinzipien, die Sie bei der Gestaltung eines Übungsprogrammes berücksichtigen müssen.

1 Erwärmen steht am Anfang jeder Stunde

Etwa 10 Minuten zu Beginn jeder Übungsstunde sollten Ihrer Erwärmung dienen und Sie physisch wie psychisch auf die Belastung einstimmen.
Dies kann durch leichte Beweglichkeitsübungen geschehen, wie z. B. in der Aerobic-Gymnastik, mit deren Hilfe man den Körper langsam »erfühlt« und so auf die Bewegung vorbereitet. Den gleichen Zweck erfüllt aber auch ein lockeres Einlaufen, Seilspringen o. ä.

2 Ansteigen der Belastung im Stundenverlauf

Gestalten Sie Ihre Übungsfolgen so, daß Anforderungen an Kondition und Koordination während einer Stunde schrittweise zunehmen. Leichten Erwärmungsübungen folgen daher zunehmend schwierigere Ausdauer-, Kraft- und Dehnübungen.

3 Systematisches Vorgehen der Übungen nach Körperregionen

Arbeiten Sie den Körper planmäßig von Kopf bis Fuß durch.
Als Leitfaden dient die im Buch verwendete Übungsstrukturierung, die zu den einzelnen Körperregionen jeweils eine Auswahl von Übungen angibt. Trainieren Sie mit mehreren Übungsvariationen und Kombinationen längere Zeit einen Bereich (z. B. die Bauchmuskulatur) und wechseln erst dann zu einer anderen Muskelpartie über. Nur diese Vorgehensweise entspricht der extensiven Intervallmethode (siehe S. 20).

4 Steigerung vom Leichten zum Schweren

Beginnen Sie mit einer leichten Grundübung, die Sie, erst wenn diese beherrscht wird, durch Variationen und Kombinationen aufbauen. So wird schrittweise Intensität und koordinativer Anspruch erhöht. Koordinationsschulung ist nur sinnvoll, wenn dieses Prinzip berücksichtigt wird.

5 Dehnungsübungen nur nach Erwärmung

Auf die Gefahren falscher Dehnung ist bereits hingewiesen worden. Extreme Dehnung gehört erst in den Hauptteil Ihres Trainings – nach einer guten umfassenden Erwärmung.

6 Dehnungsübungen vor Kraftübungen

Bevor Sie einen Muskelbereich systematisch kräftigen, dehnen Sie die Muskeln. Diese Reihenfolge empfiehlt sich wegen physiologischer Gesetzmäßigkeiten (siehe S. 22).

Auch dazu brauchen Sie nur der im Buch angewendeten Übungsstrukturierung zu folgen.

7 Lockern als Ausgleich zu Dehn- und Kraftübungen

Nach Dehnung und Kräftigung schütteln oder klopfen Sie die betreffende Partie kurz aus. Dies ist aber nur eine ausgleichende Zwischenübung und sollte die Intensität der Übungsfolge nicht zu lange unterbrechen.

8 Anpassung an den Trainingszustand

Überforderung hat keinen Sinn. Am Anfang des Trainings sind zu schwierige Übungen nicht angebracht. Wählen Sie lieber einfachere Übungen, die Sie richtig ausführen können. Nur so erzielen Sie die beabsichtigte Wirkung.

9 Progressive Belastung in der längerfristigen Stundenplanung

Unterforderung hat ebensowenig Sinn wie Überforderung. Nur überschwellige Reize haben den gewünschten Trainingseffekt. Erhöhen Sie deswegen allmählich den Schwierigkeitsgrad, indem Sie Tempo und Dauer der Übungen steigern.

10 Regelmäßigkeit des Trainings

Trainingserfolge schwinden schneller als einem lieb ist. Nur regelmäßig gesetzte Trainingsreize bringen auf lange Sicht die gewünschte Leistungssteigerung. Setzen Sie sich aber ein realistisches Ziel: schon bei zweimaligem effektivem Training pro Woche bleibt der Erfolg nicht aus!

Konditionstest

Der Wunsch nach Vorankommen, eine kleine Prise Ehrgeiz und die Freude am Trainingsfortschritt ist in jedem Menschen vorhanden. Wer empfindet es nicht als ein erhebendes Gefühl, wenn man noch zwei Wochen vorher sich mit 10 Minuten Gymnastik einen Muskelkater holte und sich nun nach dem gleichen Übungsprogramm nur angenehm durchgearbeitet fühlt? Letztendlich ist es der fühlbare und meßbare Fortschritt, der ein sportliches Training reizvoll und spannend macht. Eine solche Leistungsverbesserung wird sicher bei jeder Übung zu sehen sein, eine Möglichkeit aber greifbare Kontrollwerte zu erhalten, gibt erst ein standardisierter Konditionstest.

Eine zielgerichtete **Trainingssteuerung** setzt sich zusammen aus:
1. der **Trainingsplanung**
2. der eigentlichen **Trainingsdurchführung**
3. der **Trainingskontrolle** mit Hilfe von Tests
4. und deren **Auswertung** und daraus folgenden **neuen Zielsetzung.**

Die Festlegung von Trainingszielen und Inhalten steht also zu Beginn jeder Trainingssteuerung. Inwieweit die Trainingsdurchführung erfolgreich war, die Ziele erreicht hat, wird durch regelmäßige Kontrolltests ermittelt. Die erhaltenen Ergebnisse bilden die Grundlage für die weitere Planung. Im Leistungssport wird streng nach diesem Zyklus verfahren, aber auch für den Freizeitsportler ist Aufschluß über Erfolg oder Mißerfolg des Trainings wichtig, wie auch motivierend.

Der nachfolgende allgemeine Konditionstest soll als Anhaltspunkt zur Einschätzung des individuellen Leistungsstandes dienen, anhand dessen Sie Umfang und Schwierigkeit Ihres Trainingsprogrammes zusammenstellen können. Eine Wiederholung des Tests in regelmäßigen Abständen gibt dann Aufschluß, inwieweit Ihr Training erfolgreich war. Daran kann sich die weitere Planung orientieren. Darüber hinaus kann auch ersehen werden, ob Ihre sportliche Form ausgeglichen ist, oder ob bestimmte Stärken oder Schwächen feststellbar sind. So kann z. B. Ausdauerleistung überdurchschnittlich gut sein, es aber an Kraft, z. B. besonders im Arm- und Schulterbereich, fehlen. In so einem Fall kann man dann Übungsschwerpunkte entsprechend der individuellen Schwächen setzen. Hier läge es nahe, Kräftigungsübungen für die Arm-Schulter-Muskulatur z. B. aus der Aerobic-Gymnastik auszuwählen oder auch die Belastung mit Handgewichten zu intensivieren.

Das hier zusammengestellte Testprogramm umfaßt Übungen, die die Leistungsfaktoren Kraft, Flexibilität und Ausdauer prüfen. Belastungsformen und beanspruchter Körperbereich werden angegeben, eine Werttabelle gibt einen Anhaltspunkt zur Einschätzung Ihrer persönlichen Leistungsfähigkeit.

Testdurchführung

☐ Machen Sie zur Einschätzung Ihrer sportlichen Form einen Testdurchgang, bevor Sie mit dem Training beginnen.

☐ Wiederholen Sie den Test in gleicher Form in möglichst regelmäßigen Abständen, um eine Rückmeldung über den Trainingsfortschritt zu bekommen.

☐ Der Konditionstest ist am besten partnerweise durchzuführen, so daß ein Partner beim Zeitstoppen, Messen oder bei den Übungen selbst behilflich sein kann.

☐ Gutes Aufwärmen von mindestens 10 Minuten ist vor dem Test unerläßlich, einerseits, um keine Verletzungsgefahr einzugehen, andererseits erreicht man erst mit erwärmter Muskulatur seine wahre Leistung.

☐ Legen Sie zwischen den Übungen eine kurze Pause von 2–3 Minuten ein, um jede Station mit frischen Kräften zu beginnen.

☐ Führen Sie die Übungen exakt aus! Schwindeln gilt nicht! Sie betrügen nur sich selbst.

☐ Legen Sie sich zum Leistungsvergleich für die Testwiederholungen eine Tabelle mit Ihren eigenen Ergebnissen an. Im Vordergrund soll die persönliche Leistungsverbesserung stehen, das absolute Leistungsniveau ist zunächst zweitrangig!

1

1. Standhochsprung (Jump-and-Reach-Test)

Test für: Sprungkraft.

Ausgangsposition: Stand mit dem Gesicht zur Wand in etwa 20 cm Abstand, Arme in Hochhalte, Hände an der Wand. Der höchste mit den Fingerspitzen erreichte Punkt wird markiert. (Bild 1, links)

Durchführung: Standhochsprung, Hände berühren die Wand im höchsten Punkt des Sprunges.

Meßwert: Der Abstand zwischen Markierung der Reichhöhe und der »ersprungenen« Höhe gibt die reale Sprunghöhe an. (Bild 1, rechts) Gemessen wird nach 2–3 Vorversuchen.

***	sehr gut	40 cm und mehr
**	normal	25–40 cm
*	schlecht	weniger als 25 cm

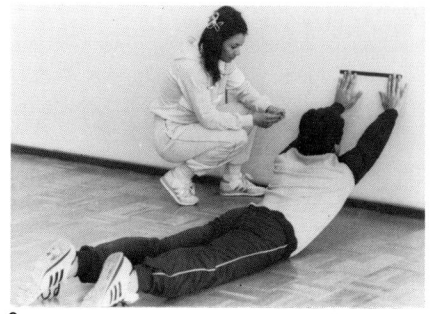

2

2. Rückwärts aufrichten

Test für: Kraftausdauer der Rückenmuskulatur.

Ausgangsposition: Bauchlage mit dem Kopf zur Wand; Abstand so wählen, daß die Arme gestreckt in Hochhalte sind und nur die Handflächen die Wand berühren. Hoch aufrichten und Berührungsstelle an der Wand markieren.

Durchführung: Aufrichten des Oberkörpers und Markierung berühren – absenken, bis Arme, Kinn und Rumpf den Boden berühren. (Bild 2)

Meßwert: Anzahl der Wiederholungen in 20 Sekunden.

***	sehr gut	mehr als 25
**	normal	17–25
*	schlecht	weniger als 17

3. Heben der Beine

Test für: Kraftausdauer der Bauch- und Beinmuskulatur.

Ausgangsposition: Rückenlage, Hände fassen Füße des Partners.

Durchführung: Heben der gestreckten Beine zur Senkrechten – absenken. Hinweis: Der Lendenwirbelbereich sollte die ganze Zeit in Bodenkontakt bleiben. (Bild 3)

Meßwert: Anzahl der Wiederholungen in 30 Sekunden.

***	sehr gut	mehr als 20
**	normal	13–20
*	schlecht	weniger als 13

3

 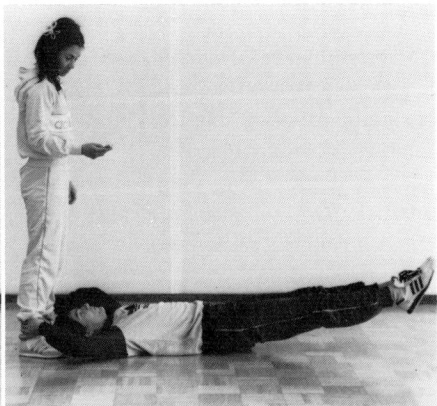

4

6

4. Liegestützbeugen

Test für: Kraftausdauer der Arm- und Schultermuskulatur, daneben auch die Rumpfmuskulatur.

Ausgangsposition: Liegestütz mit gestreckten Armen, der Körper ist ganz durchgestreckt.

Durchführung: Beugen und Strecken der Arme. Das Kinn soll jedesmal leicht den Boden berühren. Den Körper dabei nicht durchhängen lassen. Rumpf und Beine bleiben gespannt waagrecht. (Bild 4)

Meßwert: Anzahl der Wiederholungen in 30 Sekunden.

		männlich	weiblich
***	sehr gut	mehr als 20	über 10
**	normal	10–20	3–10
*	schlecht	unter 10	unter 3

5. Schlußsprünge seitwärts

Test für: Schnellkraft der Beinmuskulatur, Koordination, Bewegungsrhythmus.

Durchführung: Schlußsprünge seitwärts über den Partner, der in Bauchlage am Boden liegt. Statt eines Partners können auch Kastenteil o. ä. als Hindernis übersprungen werden. (Bild 5)

Meßwert: Anzahl der Sprünge in 30 Sekunden (jeder Sprung wird gezählt).

***	sehr gut	mehr als 40
**	normal	20–40
*	schlecht	weniger als 20

5

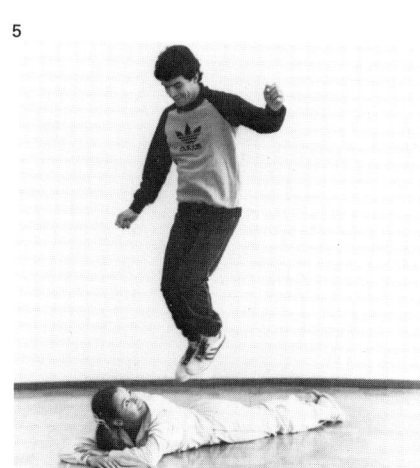

6. Ausschultern mit dem Stab

Test für: Flexibilität des Schultergürtels.

Durchführung: Stand, Stab mit beiden Händen gefaßt. Rückführen des Stabes über die Hochhalte mit gestreckten Armen hinter den Körper.
Mehrmals ausführen bis die kleinste Griffbreite gefunden ist, bei der die Arme noch gestreckt bleiben. (Bild 6)

Meßwert: Abstand der Hände voneinander. Es wird innen gemessen (zwischen linkem und rechtem Daumen). Dieser Wert wird mit der jeweiligen Schulterbreite verglichen. Messen der Schulterbreite siehe Bild 6, links.

***	sehr gut	25 cm breiter als Schulterbreite
**	normal	25–45 cm breiter als Schulterbreite
*	schlecht	mehr als 45 cm breiter als Schulterbreite

7

7. Rumpfbeugen

Test für: Dehnbarkeit der Rücken- und hinteren Beinmuskulatur.

Durchführung: Stand auf Kastenteil, niedrigem Stuhl o. ä., Fußspitzen schließen mit der Kante ab. Langsame, tiefe Rumpfbeuge ohne Nachfedern bis zum tiefsten Punkt, der 6 Sekunden gehalten werden kann. (Bild 7)

Meßwert: Abstand zwischen den Fingerspitzen und der Standfläche. Bleiben die Finger über dem Standniveau, erhält man einen positiven Wert, reichen die Finger bis unter die Standfläche, erhält man Negativwerte.

		männlich	weiblich
***	sehr gut	−10 und tiefer	−15 und tiefer
**	normal	0 bis −10	−5 bis −15
*	schlecht	höher als 0	höher als −5

8. Grätsche

Test für: Gelenkigkeit im Hüftgelenk, Dehnbarkeit der inneren Oberschenkelmuskulatur (Adduktoren).

Durchführung: Weiter Grätschstand, Stütz der Arme vor dem Körper, so daß im Hüftgelenk etwa ein rechter Winkel entsteht, langsames Tiefrutschen in die weite Grätsche. Die Beine bleiben völlig gestreckt. Der zweite Versuch wird zur Messung herangezogen.

Meßwert: Senkrechter Abstand zwischen Schritt und Boden. (Bild 8)

		männlich	weiblich
***	sehr gut	weniger als 35 cm	weniger als 25 cm
**	normal	35–50 cm	25–35 cm
*	schlecht	mehr als 50 cm	mehr als 35 cm

9. Brücke

Test für: Flexibilität der Wirbelsäule, Dehnbarkeit der vorderen Rumpf- und Beinmuskulatur. (Vor allem für Fortgeschrittene geeignet.)

Durchführung: Aus der Rückenlage zur Brücke hochdrücken, Arme zur völligen Streckung bringen, Fersen bleiben auf dem Boden, Kopf in den Nacken nehmen. Hände und Füße nähern sich.

Meßwert: Abstand zwischen Handballen und Fersen. (Bild 9)
Eine allgemein gültige Werttabelle kann hier nicht gegeben werden, da der Maßabstand sehr von der Körpergröße abhängt.

8

9

Legen Sie sich Ihre persönliche Tabelle an und verfolgen Sie Ihren Trainingsfortschritt!

> Die Krümmung erfolgt in erster Linie im Schulter-Brust-Bereich. Bei einer guten Brücke stehen die gestreckten Arme senkrecht!

10

10. Cooper-Test

Test für: aerobe Mittelzeitausdauer.

Durchführung: Laufen einer möglichst weiten Strecke in 12 Minuten. Gehen Sie dazu auf eine 400-m-Bahn, um so die zurückgelegte Strecke messen zu können. (Bild 10)

Meßwert

Fitnesskategorie	zurückgelegte Strecke
sehr gut	mehr als 2800 m
gut	2400–2800 m
normal	2000–2400 m
schlecht	weniger als 2000 m

Übungsdarstellung

Die Übungsdarstellung in den folgenden fünf Praxisabschnitten ist nicht als chronologische Reihenfolge aufzufassen, sondern ist eine Strukturierung nach den erläuterten Leistungskomponenten.
So ergibt sich eine Einteilung innerhalb der Kapitel in die Abschnitte:
1. **Erwärmung**
2. **Dehnung**
3. **Kräftigung.**
Aerobic-Gymnastik enthält zusätzlich:
4. **Ausdauerschulung**
5. **Entspannung und Atmungsschulung.**
Innerhalb dieser fünf Kategorien werden die Übungen nach folgenden Muskelbereichen gegliedert.
1. Arm- und Schulterbereich
2. Seitliche Rumpfmuskulatur
3. Bauchmuskulatur
4. Rückenmuskulatur
5. Hüfte und Gesäßmuskulatur
6. Beinmuskulatur.
Die Muskelbereiche mit den wichtigsten Muskeln sind auf den Seiten 16, 17 grafisch dargestellt. Für jede Körperpartie werden Grundübungen vorgestellt, zu der ausgewählte Variationen vorgeschlagen werden. Je nach Niveau des Trainierenden kann also diese Grundübung variiert werden. Das bedeutet:
☐ ein Element der Grundübung (z. B. Armhaltung) kann verschiedenartig ersetzt werden, das führt zu verschiedenen Variationen,
☐ die Grundübung kann durch Kombinieren mehrerer Variationsmöglichkeiten komplexer gestaltet werden,
☐ mehrere Variationen können zu einer Sequenz aneinandergereiht werden.

Anwendungsbeispiele

Grundübung 9 (aus Aerobic-Gymnastik)

Leichter Seitausfallschritt, Oberkörper frontal, Hände eingestützt, rhythmischer Seitenwechsel.

1. Variation (durch Änderung der Armaktion)
☐ Ellbogen zieht zum entgegengesetzten Knie.

2. Variation (durch Einbeziehung der Oberkörperbewegung)
☐ Wie oben, zusätzliches Vortiefbeugen des Oberkörpers zum gebeugten Knie. Die Grundstruktur der Übung sowie ihr Trainingseffekt bleibt erhalten, sie wird nur erweitert.

Grundübung 11 (aus Aerobic-Gymnastik)

Locker laufen mit angewinkelten Armen.

1. Variation (durch Änderung der Beinbewegung)
☐ Kniehebelauf
☐ Anfersen.

2. Variation (zusätzliche Änderung der Laufrichtung)
8 Schritte laufen mit Anfersen in der Fortbewegung vorwärts,
8 Schritte Kniehebelauf in der Fortbewegung rückwärts.

3. Variation (Einbeziehung der Armbewegung)
8 Takte Kniehebelauf mit Klatschen,
8 Takte Anfersen mit Einstützen der Arme.

	Erwärmung	*10 Min.*
	G1: Durch Reifen springen *Variation: - Rückwärtslaufen* *- Beidbeinig* *- Einbeinig* *G3: Achterschwingen* *Variation: - Federn* *- Oberkörper seitdrehen* *G5: Hula-Hoop* *Variation: - Drehungen*	
	Hauptteil	*30 Min.*
Arm- und Schultermuskulatur	*G6: Hochhalte, nach hinten federn* *Variation: - Ausfallschritt* *G8: Hochhalte hinter Kopf führen* *Variation: - Seitverlagerungen*	
Gesamte Rumpfmuskulatur	*G10: Oberk.-verwringung, Reifen waagrecht* *Variation: - Kniebeugen* *- Flachrücken*	
Bauchmuskulatur	*G16: Schwebesitz, Beine durch R. strecken usw.* *Variation: usw.*	
Rückenmuskulatur	•	
Beinmuskulatur	•	
	Ausklang	
	•	

Aus einer Grundübung entstehen auf diese Art und Weise viele bewegungsverwandte Übungen, von denen auch 2–3 zu einer Folge aneinandergereiht werden können und in einer Sequenz wiederholt werden können.

Lernen Sie zu jeder Körperpartie zunächst nur 1–2 Grundübungen, die Sie dann schrittweise durch Variationen und Kombinationen erweitern können.

Es ist auch ganz selbstverständlich, daß man ein vollständiges Übungsprogramm sich nicht sofort auswendig merken und dazu noch durchführen kann. Nehmen Sie daher ruhig Papier und Stift zur Hand und »basteln« sich einen »Spickzettel«. Wie ein solcher Spickzettel aussehen kann, zeigt die nebenstehende Abbildung: (siehe dazu auch Allgemeine Trainingsprinzipien S. 30 und Reifen-Gymnastik S. 82 ff.).

Schwierigkeitsniveau

Auf eine ausdrückliche Kennzeichnung des Schwierigkeitsgrades wurde bewußt verzichtet, denn nahezu jede Übung kann durch die angegebenen Variationen leichter oder schwerer gestaltet werden.

In **erster** Linie ist die Schwierigkeit abhängig von:

☐ Tempo der Ausführung
☐ Dauer der Ausführung
☐ Richtigkeit der Ausführung
☐ Komplexität der Übung.

In **zweiter** Linie wird die Höhe der Belastung bestimmt durch:

☐ Charakter der Musik
☐ Muskelanspannung
☐ Konzentration
☐ persönliche Motivation!

Tips für Übungsleiter

☐ Beginnen Sie immer mit einer leichten Grundübung und bauen Sie danach mit Variationen und Kombinationen darauf auf.

☐ Bleiben Sie bei einer Übung lieber etwas länger. Es dauert eine Weile, bis die Bewegungen auch in der letzten Reihe optisch und rhythmisch aufgegriffen sind. Erst dann können die Mitmachenden die Übungen mit Konzentration auf den eigenen Körper ausführen.

☐ Ständiges Durchzählen wirkt monoton und demotivierend. Benützen Sie auch bewegungsbeschreibende Worte (z. B. vor, hoch usw.). Auch Phasen ohne verbale Unterstützung sind sinnvoll, um das Rhythmusgefühl der Teilnehmer zu schulen.

☐ 4- bis 8- bis 16malige Wiederholungen haben den Vorteil, auf den Wechsel übergangslos vorzubereiten. Das heißt aber nicht, daß Sie sich immer an die magischen Zahlen 4, 8 oder 16 klammern müssen.

☐ Um einen besseren Überblick über etwaige fehlerhafte Ausführung und Ermüdungserscheinungen zu haben, ist es ratsam, die Teilnehmer die Übungen einheitlich in eine Richtung ausführen zu lassen (synchron).

☐ Bei schwierigen Übungen, wie z. B. bei Aerobic-Dance, drehen Sie sich mit dem Rücken zur Gruppe, um ein leichteres Abschauen der Bewegung zu ermöglichen.

Empfehlenswert ist die Benutzung von Kassetten

Tips zur Musikzusammenstellung

☐ Um den Dauereffekt einer Stunde nicht durch den ständigen Wechsel von Platten, Tonbändern oder Kassetten zu unterbrechen, muß sich der Übende bzw. der Übungsleiter fortlaufende Musik zusammenstellen. Es ist ratsam, auf Kassetten oder Tonbändern in durchgehender Folge passende Musikstücke aufzunehmen.

☐ Der Gebrauch von normalen Langspielplatten (z. B. von einem Interpreten) ist nicht geeignet, da die Tempi der Musikstücke nicht auf das Übungsprogramm abgestimmt sind. Darüber hinaus können 20 bis 30 Minuten der gleichen Musik sehr leicht monoton und demotivierend wirken.

☐ Für Lehrkräfte empfiehlt sich, unterschiedliche Kassetten aufzunehmen, auf denen jeweils Musik nach Tempo und Charakter geordnet ist. So hat man eine Kassette mit langsamerer »Einstimmungsmusik« zur Erwärmung, eine Kassette mit Laufmusik usw. (siehe

»Tips zur Musikzusammenstellung« in den einzelnen Kapiteln). Somit ist gewährleistet, daß die Musik den Übungsinhalten angepaßt ist. Ein unvorhergesehen langsames Stück, z. B. mitten im Laufen, zerstört die Kontinuität und trägt wenig zur Motivation bei. Ein weiterer Vorteil von verschiedenen Kassetten ist, daß die Musik von Stunde zu Stunde durchgemischt werden kann und nicht an 60 Minuten Musikabfolge gebunden ist. So kann z. B. Erwärmung und Ausklang gleichbleiben, während man für die Hauptbelastungsphase neue Musik nimmt. Man erspart sich zeitraubendes Musiksuchen und -aufnehmen und schafft musikalische Abwechslung.

> Es ist notwendig, auch mit der Musik Abwechslung in das Übungsprogramm zu bringen. Spätestens wenn die Teilnehmer die Musik »mitsingen« können, wird es Zeit, eine neue Kassette aufzulegen!

Arme in Tiefhalte	Seithalte	Hochhalte	Vorhalte
Grätschstand	Seitverlagerung	Hockstand	Flachrücken
Bankstellung	Kniewaage	Schneidersitz	Hürdensitz

Begriffsbestimmung: Körperpositionen und Armhaltungen

Um die textliche Beschreibung der Übungen präzise und knapp fassen zu können, wird die in der Gymnastik übliche Terminologie zur Bezeichnung von Körperpositionen oder Armhalterungen wie oben auf den Bildern gezeigt im folgenden verwendet.

Arme eingestützt

Nackenhalte

Schlußstellung

Schrittstellung

Ausfallschritt vorwärts

Kniestand

Fersensitz

Rutschhalte

Grätschsitz

Strecksitz

Bauchlage

Rückenlage

Seitlage

Flexion im Sprunggelenk

Aerobic-Gymnastik

Selten war eine neue Sportart so schlagartig in aller Munde und hat in kürzester Zeit so viele Begeisterte gefunden wie Aerobic-Gymnastik. Selten wurde aber auch ein Sport so vermarktet und von der Presse, vom Fernsehen und von den unterschiedlichsten Industriebranchen so mißbraucht wie Aerobic-Gymnastik. Der überwältigende, überraschende Anklang mag zu einem Teil vielleicht der Tatsache zuzuschreiben sein, daß zahlreiche größere und kleinere Berühmtheiten aus Film und Fernsehen sich dafür in Szene setzten, oder daß Schönheitsideale im Gymnastikdreß ein willkommenes Fotoobjekt darstellen. Hätte Aerobic-Gymnastik aber wirklich nur deswegen begeisterte Nachahmer gefunden, dann wäre dieser Sport jetzt wirklich »tot«. Daß, nachdem zwar die erste große Woge verebbt war, Aerobic-Gymnastik trotzdem immer noch weiterlebt, ist der Beweis dafür, daß es sich nicht nur um die vielzitierte oberflächliche Modeerscheinung handelte, sondern daß die Welle auf ein wahres Bedürfnis einer breiten Bevölkerungsschicht stieß.
Mittlerweile ist Aerobic-Gymnastik auch ein fester Bestandteil des Vereinsangebotes geworden und wird von vielen als regelmäßiges Heimtraining betrieben. Obwohl sich zunächst unter dem Namenswirrwarr Aerobic, Aerobics, Aerobic-Dancing, Aerobic-Dance viele Stilentwicklungen der Gymnastik zusammengefunden haben, ist Aerobic-Gymnastik eine fest umrissene Trainingsform, die nach trainingswissenschaftlichen Erkenntnissen aufgebaut ist. Der Name **Aerobic-Gymnastik** ist gewählt, um es als weitere Form neben die bestehenden Skigymnastik, Konditionsgymnastik usw. einzureihen.

Wie läßt sich Aerobic-Gymnastik im Vergleich zu anderen Gymnastikformen charakterisieren?

☐ Die Erwärmung, die sich bisher in stereotypem Einlaufen erschöpfte, wird durch leichte, beweglichmachende, rhythmische Übungen ersetzt.
☐ Das Laufen, auf 10–20 Min. ausgedehnt, ist ein Bestandteil der Hauptbelastungsphase und ist mit vielfältigen Arm- und Beinbewegungen ein wirksames Herzkreislauftraining.
☐ Die Kräftigungsübungen werden mit hoher Wiederholungszahl durchgeführt, um gezielt die Kraftausdauer zu schulen.
☐ Die Übungen sind pausenlos aneinandergereiht, um zusätzlich einen Ausdauereffekt zu erzielen.
☐ Die Stunde schließt mit 5–10 Min. Atmungs- und Entspannungsübungen ab.
☐ Alle Übungen sind durchgehend auf rhythmische Musik abgestimmt.

Aerobic-Gymnastik ist eine nach trainingswissenschaftlichen Prinzipien durchstrukturierte Ganzkörpergymnastik nach rhythmischer Musik mit dem zusätzlichen Ziel der Ausdauerschulung.

Aufbau einer Aerobic-Gymnastik-Stunde

Überblick über den Phasenaufbau

Phaseninhalte	1. Erwärmung	2. Hauptbelastungsphase		3. Ausklang
		Laufteil	Körperbildender Teil	
	Beweglichmachung	Ausdauerschulung	Kräftigung Dehnung	Entspannung
45 Min.				
Ungeübte	10 Min.	10 Min.	20 Min.	5 Min.
Geübte	10 Min.	15 Min.	15 Min.	5 Min.
60 Min.				
Ungeübte	10 Min.	15 Min.	25 Min.	10 Min.
Geübte	10 Min.	20 Min.	25 Min.	5 Min.

1. Erwärmung

In der Erwärmung wird der Körper mit leichten Übungen »erfühlt« und langsam auf die Belastung vorbereitet. Dies ist unbedingt notwendig, da die Sauerstoffaufnahme des Körpers sich nicht abrupt auf hohe Belastung umstellen kann. Wird die Belastung nicht allmählich gesteigert, muß der Organismus eine hohe Sauerstoffschuld eingehen, die schnell zu Übersäuerung des Muskels führt und vorzeitig zum Abbruch zwingt.

Der langsame Intensitätsanstieg in den ersten 10 Minuten kann an der Herzfrequenz-Kurve (siehe Grafik) verfolgt werden.

2. Hauptbelastungsphase

Laufteil

Im ersten Teil der Hauptbelastungsphase werden durch Übungen im Laufen, Hüpfen und Springen, unter Einbeziehung des ganzen Körpers die Herzkreislauffunktionen trainiert. 10–20 Minuten sollen möglichst ohne Unterbrechung durchgehalten werden, um nach der Dauermethode zu verfahren. Weil einerseits die Lehrkraft und die Musik das Tempo vorgeben, die Mitmachenden aber auch durch ihre individuelle Motivation und Kondition die Belastung selbst regeln, handelt es sich um eine Mischung aus Wechselmethode und Fahrtspiel (siehe S. 14).

Die Herzkreislaufbelastung schwankt etwa zwischen 150–180 Schlägen/Min., was etwa 75% der maximalen Belastung entspricht, die für wirksames Ausdauertraining angesetzt werden. In 20 Minuten Ausdauertraining wird die aerobe und anaerobe Mittelzeitdauer trainiert.

Körperbildender Teil

Schwerpunkt dieser Phase ist Dehnung und Kräftigung aller Muskelpartien. Die Herzkreislaufbelastung sinkt ab, bleibt aber durch die hohe Übungsdichte noch meist über 130 Schläge/Min., was als unterste Grenze für Ausdauertraining anzusehen ist (siehe S. 14).

Planmäßig werden einzelne Muskelpartien zunächst gedehnt, danach gekräftigt. Diese Reihenfolge ist unbedingt wichtig, da einerseits nur ein vorgedehnter Muskel seine volle Kraft entwickeln kann, andererseits der Muskel nicht durch Kräftigung ermüdet sein darf, da dadurch die Elastizität entscheidend herabgesetzt ist. Die Dehnung erfolgt aktiv dynamisch im Rhythmus der Musik.

Die Kräftigungsübungen sind relativ einfach, da nur mit dem eigenen Körpergewicht gearbeitet wird. Sie werden zur Kraftausdauerschulung mit hoher Wiederholungszahl ausgeführt. Es bietet sich daher an, zur Kräftigung jeweils eine Muskelpartie mehrere Übungsvarianten hintereinander ausführen zu lassen. Diese Art entspricht der extensiven Intervallmethode.

3. Ausklang

Die Entspannungs- und Atemgymnastik im Anschluß an den Hauptteil hat die Absicht, die körperliche Erholung zu beschleunigen. Die Atmung hat erwiesenermaßen Einfluß auf die Herztätigkeit und durch regelmäßiges tiefes Atmen kann der Herzschlag bewußt gesenkt werden. Neben der physischen wird auch gleichzeitig die psychische Entspannung nach hoher Belastung trainiert.

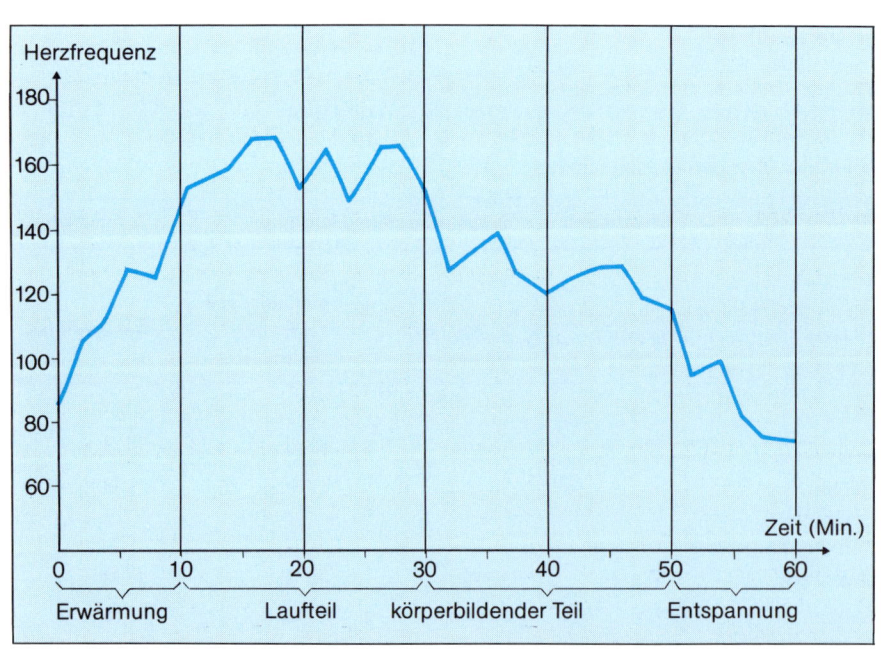

Herzfrequenz im Verlauf einer Aerobic-Stunde

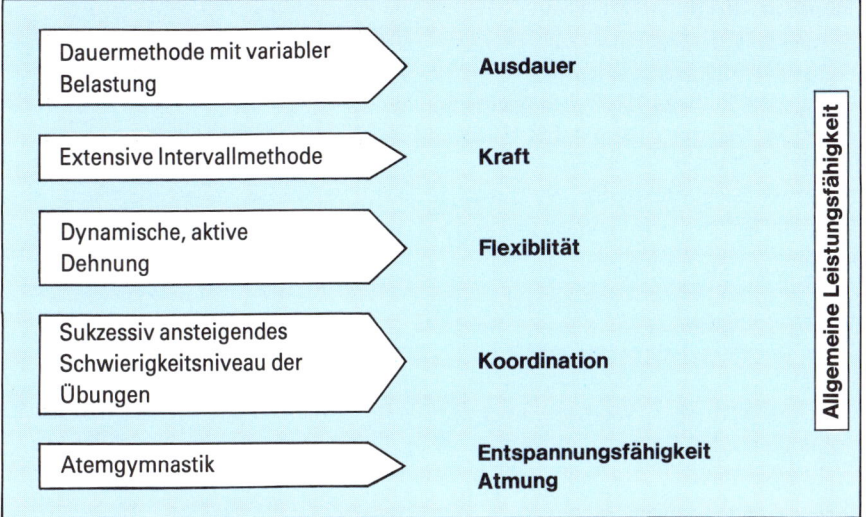

Dauermethode mit variabler Belastung	→	**Ausdauer**	
Extensive Intervallmethode	→	**Kraft**	
Dynamische, aktive Dehnung	→	**Flexiblität**	**Allgemeine Leistungsfähigkeit**
Sukzessiv ansteigendes Schwierigkeitsniveau der Übungen	→	**Koordination**	
Atemgymnastik	→	**Entspannungsfähigkeit Atmung**	

Trainingsmethoden in der Aerobic-Gymnastik

Musik

Obwohl die Musik nicht wie in Rhythmischer Sportgymnastik oder Jazz-Gymnastik interpretiert wird, darf man den Einfluß der Musik für ein Aerobic-Programm nicht unterschätzen. Verwenden Sie etwas Mühe auf eine gute Musikzusammenstellung, denn es hängt letztlich von der Musikauswahl ab, ob das Training Spaß macht oder einfach der letzte Pfiff fehlt.

Grundsätzlich ist jede Art von Musik geeignet, sofern sie rhythmisch ist. Es ist eine Sache des persönlichen Geschmacks, ob man lieber zu den neuesten Hits, zu Instrumentalversionen oder zu Oldies ins Schwitzen kommt. Auf keinen Fall darf die Musik monoton sein, sondern muß stets **rhythmischen, auffordernden Charakter** haben.

Das zweite wichtige Kriterium bei der Musikauswahl ist, neben dem Musikcharakter, das **Tempo,** das sie vorgibt. Eine allgemein gültige Vorschrift, beispielsweise zur Taktanzahl pro Minute, kann dazu nicht gegeben werden, da Tempo und Charakter

□ entsprechend der jeweiligen Kondition der Übenden
□ entsprechend den einzelnen Phasen

variiert werden müssen.

Erwärmung: Die Musikauswahl ist hier besonders wichtig, da sie zu Stundenbeginn zum Mitmachen motivieren soll, trotzdem aber noch nicht »anheizen« darf, um nicht verletzungsgefährdende, ruckartige Bewegungen zu provozieren.

Laufteil: Für das Federn und Laufen muß generell ein schnelleres Tempo gewählt werden. Der Musikcharakter kann hier ruhig mitreißend sein. Sehr wichtig ist, auf einen Wechsel der Tempi zu achten. In den langsameren Stücken dazwischen kann man koordinativ schwierigere Lauf-

übungen einfügen oder man hat einfach die Möglichkeit, einmal einen »Schongang« einzuschalten, ohne daß man die Bewegung ganz abbrechen muß. Mit einem Wechsel der Musiktempi sollen darüber hinaus unterschiedliche Lauf- und Hüpfvarianten aneinandergereiht werden, die eine abwechslungsreiche Belastung für Sprung- und Kniegelenke darstellen. Einer vorzeitigen Überlastung kann dadurch vorgebeugt werden.

Aerobic-Dance: Dies ist der einzige Teil, in dem eine Bewegungsfolge genauer auf die Musik abgestimmt werden muß. Wenn man eine kurze Tanzfolge erarbeitet hat, sollte man bei gleicher Musik bleiben, um Verwirrung zu vermeiden. Das gewählte Stück muß dynamisches Tempo haben. Siehe dazu Kapitel »Aerobic Dance« S. 52.

Körperbildender Teil: Hier ist die Bewegung exakt und mit voller Kraft auszuführen. Der Musikcharakter sollte wesentlich dynamischer als in der ersten Phase sein. Eine ideale Musikgeschwindigkeit ist schwer bestimmbar, jedoch sollten sich die Musiktempi hier nicht allzu sehr ändern.

Ausklang: Zu den Entspannungsübungen hat die Musik nur noch untermalende Funktion. Sie soll beruhigend auf Körper und Atmung einwirken. Es empfehlen sich ruhige Instrumentalversionen.

Abkürzungen in der Übungsbeschreibung

: steht vor den Übungsphasen, die im rhythmischen Wechsel ausgeführt werden
▷ Übergang zwischen zwei Phasen der Übung
/ Alternativmöglichkeiten

Erwärmen und Beweglichmachen

Das Erwärmen in der Aerobic-Gymnastik geschieht mit leichten, spielerischen, aber dennoch dynamischen Übungen, um so die Hauptbereiche des Körpers »durchzuarbeiten« und bewegungsbereit zu machen.

Kopf-Arm-Schulter-Bereich

Grundübung 1

Schlußstellung, Hände eingestützt. Im Wechsel: Kopf neigt locker nach vorne ▷ Kopf und Hals gerade ▷ Kopf neigt locker nach hinten. (Bild 1)

1

2

Variation – Kopf

☐ Kopf dreht zur Seite (Blick zur Seite). Im Wechsel: links ▷ rechts. (Bild 2, links)
☐ Kopf fällt zur Seite (Blickrichtung nach vorne). Im Wechsel: Links ▷ rechts. (Bild 2, rechts)
☐ Kopf beschreibt Halbkreis über vorne, Kinn zieht seitlich hoch. Im Wechsel: links ▷ rechts.

Variation – Beine

☐ Grätschstand, Knie gebeugt. (Bild 2, rechts)
☐ Seitverlagerung, im Wechsel: links ▷ rechts. (Bild 2, links)

> Mit Beinbewegungen kombiniert wird die Übung dynamischer!

Grundübung 2

Schlußstellung. Arme in Tiefhalte. Im Wechsel: eine/beide Schultern heben ▷ locker fallen lassen. (Bild 3)

Variation – Schulter

(Für jeweils eine oder beide Schultern, in gleiche Richtung und gegengleich)
☐ Schulter beschreibt Ganzkreis vorwärts/rückwärts.
☐ Schulter beschreibt Halbkreis von hinten über oben nach vorne: vorwärts ▷ rückwärts.
☐ Mühlkreisen: Beide Schultern beschreiben zeitlich nacheinander versetzt einen Ganzkreis vorwärts/rückwärts. (Bild 4, links)
☐ Schulter frontal vorwärts/rückwärts schieben.
☐ Arme in Seithalte. Schulter zieht wechselweise nach außen. Nach links ▷ rechts. (Bild 4, rechts)

3

4

Variation – Beine

☐ Grätschstand.
☐ Seitverlagerungen.

Grundübung 3

Grätschstand, ein Arm in Hochhalte zieht senkrecht nach oben, gleichzeitig preßt der andere Arm in Tiefhalte nach unten. (Bild 5)

5

6

7

☐ Grätschstand, Knie gebeugt. (Bild 9, links)
☐ Seitverlagerungen. (Bild 9, rechts)

> Diese Übungen werden weder ruckartig noch als weite Seitbeuge ausgeführt!

10

Variation – Arme

☐ Im rhythmischen Wechsel: rechter Arm zieht nach oben ▷ klatschen ▷ linker Arm zieht nach oben. (Bild 6)
☐ Arm in Hochhalte zieht schräg über den Kopf.

Variation – Hüfte

☐ Hüftseitbewegung: rechter Arm zieht nach oben, dabei kippt die Hüfte nach links seitwärts (verstärkt die Streckung der seitlichen Rumpfmuskulatur). (Bild 6)

Variation – Beine

☐ Schlußstellung
☐ Beine beugen ▷ strecken.
☐ Seitverlagerungen.

Grundübung 4

Grätschstand, Arme eingestützt. Leichtes Seitbeugen des Oberkörpers nach links, Oberkörper bleibt frontal ▷ aufrichten zurück zur Mittelstellung ▷ seitbeugen nach rechts. (Bild 7)

Variation – Arme

☐ Hochhalte.
☐ Ein Arm in Hochhalte, ein Arm in gebeugter Tiefhalte vor/hinter dem Körper. (Bild 8, rechts, links)
☐ Nackenhalte. (Bild 8, Mitte)

Variation – Beine

☐ Schlußstellung. (Bild 9, Mitte)

Wirbelsäule

Grundübung 5

Leichter Grätschstand, Knie gebeugt, Hände eingestützt, Becken kippt seitwärts. Im Wechsel: links ▷ rechts. (Bild 10)
Der Rücken bleibt dabei völlig gerade, die Bewegung erfolgt nur aus dem Lendenwirbelbereich.

Variation – Hüfte

☐ Hüfte kippt nach vorne ▷ nach hinten.
☐ Halbkreis über vorne/hinten.
☐ Ganzkreis.

8

9

11

Grundübung 6

Bankstellung. Wechselweise Hohlrücken ▷ Rundrücken, der Kopf unterstützt die Bewegung. (Bild 11)

Variation – Arme
☐ Beugen der Arme (mit Hohlrücken) ▷ Strecken der Arme (mit Rundrücken). (Bild 12)

Variation – Rumpf
☐ Aus der Bankstellung mit Rundrücken in die Rutschhalte ▷ Hüfte nach vorne zur Körperstreckung führen, Hohlrücken, Kopf in den Nacken nehmen ▷ Rutschhalte mit Rundrücken. (Bild 13)

12

13

14

Beinmuskulatur

Grundübung 7

Aus dem Grätschstand Oberkörpervorbeuge zum Flachrücken, Arme in Seithalte. Leichtes Federn des Oberkörpers nach vorne unten. (Bild 14)

Variation – Arme
☐ In rhythmischem Wechsel, jeweils verbunden mit Federn: Arme in Vorhalte ▷ klatschen ▷ Seithalte ▷ klatschen, usw. (Bild 15)
☐ Arme auf dem Rücken verschränkt. (Bild 16)

15

16

Variation – Beine

☐ Beine beugen ▷ strecken (Oberkörper bleibt waagrecht im Flachrücken).
(Bild 16, rechts)
☐ Seitverlagerungen. (Bild 16, links)

Grundübung 8

Leichter Seitausfallschritt, Oberkörper frontal, Hände eingestützt. Rhythmischer Seitenwechsel. (Bild 17)

Die Weite des Ausfallschritts soll zunächst vorsichtig »erfühlt« werden!

17

18

Variation – Arme

☐ Ellbogen zieht zum entgegengesetzten Knie (Bild 18, rechts)
☐ Vorhalte/Seithalte
☐ Klatschen, weit in die Richtung des Ausfallschritts. (Bild 18, links)

Variation – Oberkörper

☐ Drehen in Richtung des Ausfallschritts (Bild 18, links)
☐ Vorbeugen des Oberkörpers zum gebeugten Knie. (Bild 18, rechts)

Grundübung 9

Grätschstand, Oberkörpervorbeuge. Mit den Händen vorsichtig zum Boden federn. (Bild 19)

19

In der Erwärmung soll diese Übung noch vorsichtig ausgeführt werden. Auf den eigenen Körper hören!

Variation – Arme

☐ Der linke Arm zieht zum rechten Bein ▷ rechter Arm zieht zum linken Bein. (Bild 20, rechts)
☐ Hände umfassen die Waden und unterstützen sanft die Oberkörpertiefbeuge. (Bild 20, links)

Variation – Beine

☐ Schlußstellung.
☐ Seitverlagerungen.
☐ In der Oberkörpertiefbeuge abwechselnd Beine beugen zum Hockstand ▷ Beine strecken. (Bild 21)

20

21

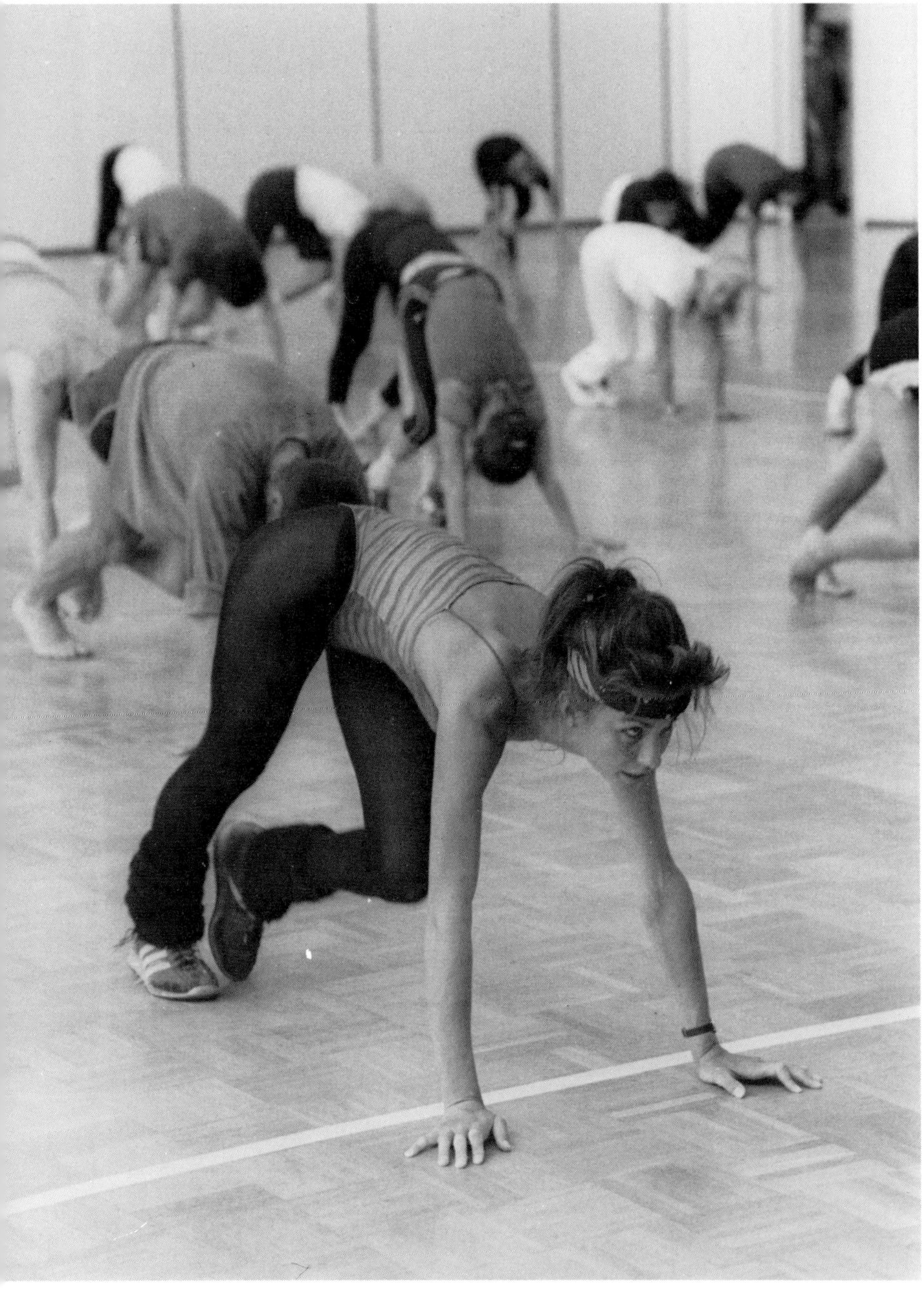

Fußgelenk und Achillessehne

Grundübung 10

Hände vor dem Körper auf dem Boden aufgestützt, Beine gestreckt geschlossen. Tretbewegung am Ort, Ferse des gestreckten Beines drückt zum Boden. (Bild 22)

Variation – Füße

□ Beide Fersen federn gleichzeitig zum Boden, Beine gestreckt lassen. (Bild 23)

□ Beide Fersen gleichzeitig zum Boden drücken ▷ betontes Heben in den Ballenstand.

Variation – Beine

□ Beine gegrätscht.

□ Im Wechsel: Beine beugen ▷ strecken (gegrätscht/geschlossen), bei der Streckung Fersen zum Boden drücken.

22

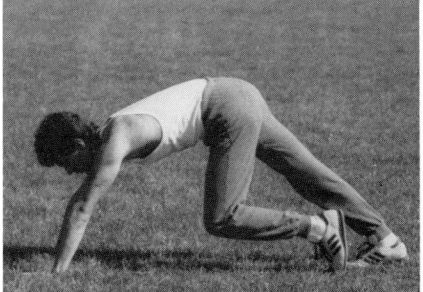

23

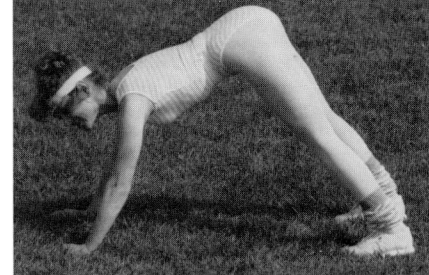

Ausdauerschulung

10–20 Minuten Ausdauerschulung muß wirklich nicht langweilig sein. Zu den Grundformen Laufen und Hüpfen gibt es eine Vielfalt von Variationen von Arm- und Beinbewegungen, die das Repertoire nahezu unerschöpflich machen, und die angegebenen Möglichkeiten sind wirklich nur eine Auswahl daraus. In dieser Phase können Sie schöpferisch sein und sich von der Musik inspirieren lassen.

Grundübung 11

Lockeres Laufen mit angewinkelten Armen. (Bild 24)

> Bei allen Laufübungen ist auf ein weiches Nachgeben in Knie- und Fußgelenken zu achten!

24

Variation – Raum
☐ Am Ort.
☐ In der Fortbewegung: vorwärts ▷ rückwärts.
☐ In der Fortbewegung: frei im Raum.

Variation – Beine
☐ Kniehebelauf. (Bild 25, rechts)
☐ Laufen mit Anfersen. (Bild 25, links)
☐ Kniehebelauf, Knie zeigen auswärts (Bild 26, links)
☐ Anfersen, Knie zeigen auswärts. (Bild 26, rechts)
☐ »Charleston-Lauf«: Knie zueinander gedreht, Unterschenkel nach seitlich hinten anfersen.
☐ Beine gestreckt vor-hoch. (Bild 27, links)

25

26   27

☐ Beine gestreckt seit-hoch.
☐ Beine gestreckt rück-hoch. (Bild 27, rechts)

Variation – Arme
☐ Hoch-/Seit-/Vor-/Tiefhalte.
☐ Hände eingestützt. (Bild 28, Mitte)
☐ Arme in Hochhalte, wechselseitiges Ziehen der Arme nach oben.

28

□ Mühlkreisen der gestreckten Arme vor-
wärts/rückwärts.
□ Ein Arm in Hochhalte, ein Arm in Seithalte. Rhythmischer Wechsel der Armhaltung. (Bild 28, rechts)
□ Klatschen der Hände. (Bild 28, links)

Grundübung 12

Beidbeiniges Hüpfen am Ort, Beine hüftbreit, Hände eingestützt. (Bild 29)

Variation – Beine
□ Beine gegrätscht.
□ Abwechselnd Beine grätschen ▷ über-
kreuzen.
□ Beine in Schrittstellung. Wechsel der
Schrittstellung mit/ohne Zwischenfederun-
gen. (Bild 30)
□ Einbeiniges Federn mit Beinwechsel:
links ▷ rechts.
□ Schleuderhüpfer: auf einem Bein
federn, freies Bein locker nach vorne/zur
Seite/nach hinten »ausschleudern«.
□ Beidbeiniges Federn, dabei ein Bein ge-
beugt vor-hoch schwingen. Wechselweise
links ▷ rechts. (Bild 31, links)
□ Beidbeiniges Federn, dabei ein Bein ge-
streckt vor-hoch schwingen. Im Wechsel:
links ▷ rechts. (Bild 31, rechts)

29

30

32

31

33

□ Im Wechsel: Bein gebeugt ▷ gestreckt vor-hoch schwingen (»Can-Can«).

□ Aus der Skigymnastik: Umsteigespringen: weiter Sprung rechts seitwärts, dabei unbelastetes Aufsetzen des linken Fußes vor/hinter dem Standbein ▷ weiter Sprung nach links seitwärts. (Bild 32)

Variation – Arme

□ Seit-/Vor-/Hoch-/Tiefhalte eines/beider Arme.

□ Hampelmann. (Bild 33)

□ Klatschen der Hände.

Variation – Drehung

□ Drehung um die eigene Achse am Ort: $1/4, 1^1/2, 1^1/1$ Drehung (mit/ohne Zwischenfederung).

Ausgleichsübung

Lockern Sie während aller Lauf- und Federübungen immer wieder Arme, Schultern und Beine.

Atmen Sie dabei tief und gelöst durch, um Seitenstechen vorzubeugen.

Grundübung 13

Lockeres Ausschütteln von Armen, Schultern und Beinen in Lauf- oder Hüpfbewegungen. (Bild 34)

34

Aerobic-Dance

Aerobic-Dance oder Tanzen Nonstop – das geht auf Jacky Sorenson zurück, die schon Mitte der 70er Jahre in den USA dieses Mittel zur Ausdauerschulung entdeckt hat. Einfache Schritt- und Armbewegungen werden zu einer kurzen Tanzform zusammengefügt, die dann – immer in gleicher Abfolge – zu einem bestimmten Musikstück durchgetanzt wird. In einer Original Aerobic-Dance-Stunde wird durchwegs getanzt, und sie enthält keine rein gymnastischen Elemente. Aerobic-Gymnastik kann aber trotzdem diese Idee übernehmen, ohne dabei ihrem Ziel eines umfassenden Fitnesstrainings untreu zu werden; so können z. B. 5–10 Minuten im Laufteil durch Tanzen aufgelockert werden. Hier sind dazu einige Vorschläge enthalten, die als Anregung zu weiteren »Choreografien« dienen sollen. Zum methodischen Vorgehen ist es empfehlenswert, die ersten Tanzelemente vor Beginn der Stunde kurz einzuüben, um sie dann danach übergangslos in den Laufteil einbauen zu können.

Zum Erlernen und Merken ist es leichter für die Teilnehmer, wenn anfangs für eine Tanzform immer die gleiche Musik verwendet wird. Wenn nach mehrmaligem Üben eine Tanzfolge sitzt, kann man Neues hinzulernen und das Repertoire allmählich erweitern.

Es bietet sich natürlich an, zu moderner Musik die schwungvollen Elemente, ähnlich dem Discotanz und der Jazzgymnastik, zu kurzen einfachen Folgen zu verbinden. Versuchen Sie vielleicht auch einmal, sich auch an alte, bekannte Tanzformen anzulehnen, wie z. B. Twist, Rock'n Roll, Letkiss, Charleston. Auch die Anlehnung an aktuel-

35

36 37

le Modetänze bietet sich natürlich an. Alles ist möglich und machbar, nur dynamisch muß es sein. Im folgenden werden Anregungen zu Rock 'n' Roll und Twist vorgestellt.

Rock'n Roll

Grundübung 14

Einfacher Kickschritt: beidbeiniges Federn, Hände eingestützt. Unterschenkel »kickt« nach vorne. Abwechselnd: links ▷ rechts. (Bild 35)

Variation – Richtung der Beinbewegung

☐ Vorwärts/seitwärts/rückwärts. (Bild 36, links)

☐ Diagonal vorwärts-einwärts und auswärts. (Bild 36, rechts)

Variation – Arme

☐ Ein Arm (Gegenarm) in Vorhalte, ein Arm in Hochhalte. (Bild 37, links)

☐ Arme schwingen parallel seitwärts (zur Seite der Kickbewegung. (Bild 37, rechts)

Grundübung 15

Doppelkick: Beidbeiniges Federn, Hände eingestützt. Zweimaliges schnelles Vorkikken eines Unterschenkels. Im gleichen Rhythmus wie einfacher Kickschritt, nur mit Verdoppelung der Unterschenkelaktion.

Variation – Richtung der Beinbewegung
☐ Vorwärts/seitwärts.

Grundübung 16

Side-Step: Schlußstellung, Hände eingestützt. Sprung nach rechts-seitwärts auf rechtes, gebeugtes Bein, linkes Bein gestreckt seitwärts aufgestellt ▷ Sprung zurück in Schlußstellung ▷ gleiche Bewegung nach links usw. (Bild 38)

Variation – Beine
☐ Seitenwechsel mit Kreuzen der Beine (statt Schlußstellung). (Bild 39)

Variation – Arme
☐ Im Wechsel Hochhalte ▷ Klatschen ▷ Seithalte. (Bild 39)

38

39

40

Grundübung 17

Alexander: Arme in Seithalte. Hoher Kick nach rechts seitwärts ▷ hoher Kick nach links seitwärts ▷ 4mal Federn mit geschlossenen, gebeugten Beinen, Seitdrehen der Knie. Sequenz wiederholen. (Bild 40, S. 53)

Grundübung 18

Rock'n Roll Sprungschritt: Kick rechts ▷ Kick links ▷ Kick rechts ▷ Schritt rechts rückwärts auf den Ballen mit kurzer Gewichtsverlagerung ▷ belasteter Schritt links auf ganze Sohle. Sequenz wiederholen.
Dies ist der eigentliche Tanzschritt des Rock'n Roll Turniertanzes. Zu dessen genauen Ausführungen muß auf einschlägige Literatur verwiesen werden, z. B. KROMBHOLZ/HAAG: richtig rock'n rolltanzen.

Vorgeschlagene Tanzformen zu Rock'n Roll

1. 4 Takte: einfacher Kickschritt vorwärts,
links ▷ rechts,
Hände eingestützt,
4 Takte: einfacher Kickschritt
diagonal vorwärts,
links ▷ rechts,
Arme in Seithalte,
2 Takte: Alexander.

2. 4 Takte: Kick diagonal vorwärts,
links ▷ rechts,
Arme schwingen parallel zur Gegenseite,
Schnippen der Finger,
4 Takte: hoher Kick seitwärts,
Arme in Tiefhalte
beugen ▷ strecken,
4 Takte: Side Step, Arme in Seithalte
▷ Klatschen ▷ Seithalte,
4 Takte: Rock'n Roll Sprungschritt.

Twist

Grundübung 19

Twistbewegung, Beine etwa hüftbreit, Arme unterstützen die Bewegung. (Bild 41)

Variation – Beine
☐ Geschlossen.
☐ Gegrätscht. (Bild 42, rechts)
☐ In halber/tiefer Hocke. (Bild 42, links)

Variation – Arme
☐ Im Wechsel: ein Arm schräg vorhoch, ein Arm schräg rücktief ▷ klatschen ▷ gleiche Armbewegung.

41

42

43

44

Variation – Oberkörper
☐ Oberkörper bleibt frontal fixiert, nur Hüfte und Beine twisten.
☐ Rückbeugen des Oberkörpers. (Bild 43)

Variation – Raum
☐ Twisten mit Seitbewegung.

Grundübung 20

Twistbewegung mit Anziehen des gebeugten Beines, linker Ellbogen zieht zu rechtem Knie (Bewegung längere Zeit auf einer Seite durchführen). (Bild 44)

Grundübung 21

Hockstand, Hände eingestützt ▷ schnelles Aufrichten zum Stand, Beine hüftbreit, Hüf-

45

te nach links seitwärts gekippt ▷ Hockstand ▷ aufrichten zum Stand, Hüftseitbewegung nach rechts, usw. (Bild 45)

Beispiele von Tanzkombinationen zu Twist

1. 4 Takte: Twistbewegung mit locker schwingenden Armen,
4 Takte: Twistbewegungen mit geschlossenen Beinen in halber Hocke, Arme in Seithalte,
4 Takte: Hockstand ▷ Aufrichten zum Stand.

2. 4 Takte: Twistbewegung mit Rückbeugen des Oberkörpers,
4 Takte: Twist mit Seitbewegung nach rechts, rechter Arm schräg vor-hoch, linker Arm schräg-tief rückwärts,
4 Takte: Twist mit Seitbewegung nach links, Arme wie oben,
8 Takte: Twist mit Anziehen des linken Beines, rechter Ellbogen zieht zu linkem Knie, gleiche Bewegung mit Bein- und Armwechsel.

Dehnung

Um den dynamischen Übungsfluß und die durchgehende Rhythmik der Aerobic-Gymnastik nicht zu unterbrechen, werden auch die Dehnungsübungen dynamisch zur Musik ausgeführt.

Schultergürtel und Arme

Grundübung 22

Leichter Grätschstand, Arme in Hochhalte, Hände gefaßt. Gestreckte Arme federn nach hinten. (Bild 46)

Variation – Arme
□ Arme federn in Hochhalte nach schräg-rückwärts. (Bild 47)

46

47

48

□ Arme federn in Hochhalte nach schräg-seitwärts.
□ Arme in Hochhalte, Hände gefaßt. Im Wechsel: Arme senkrecht nach oben ziehen ▷ Beugen der Arme zur Nackenhalte. (Bild 48)

Variation – Beine
□ Schlußstellung.
□ Beine beugen ▷ strecken. (Bild 48)
□ Seitverlagerungen.

Seitliche Rumpfmuskulatur
Grundübung 23

Grätschstand, Arme in Hochhalte. Weite Seitbeuge des Oberkörpers (Oberkörper bleibt frontal), Arme ziehen in Bewegungsrichtung. (Bild 49)

49

50

Variation – Arme

☐ Ein Arm in Hochhalte, ein Arm in gebeugter Tiefhalte, vor/hinter dem Körper. (Bild 50, rechts)
☐ Hochhalte, Hände gefaßt. (Bild 50, links)
☐ Nackenhalte.
☐ Ellbogen hinter dem Kopf verschränkt. (Bild 50, Mitte)

Variation – Beine

☐ Schlußstellung.
☐ Seitverlagerungen.

Bauchmuskulatur

Grundübung 24

Bauchlage, Arme in Hochhalte. Arme »stützen« langsam zum Körper, wobei sich der Oberkörper aufrichtet ▷ zurück zur Bauchlage. (Bild 51)

51

52

53

Variation – Arme

☐ Bei halbaufgerichtetem Oberkörper »stützeln« die Arme vor dem Körper nach rechts-seitwärts ▷ links-seitwärts. (Bild 52)

Wer Probleme im Lendenwirbelbereich hat, sollte sehr vorsichtig sein. Auf Grundübung 25 sollte ganz verzichtet werden.

Grundübung 25

Bauchlage, Hände umfassen die Knöchel bei gebeugten Beinen. Hochziehen zum Korb ▷ entspanntes Absenken. (Bild 53)

Beinmuskulatur

Grundübung 26

Weiter Ausfallschritt vorwärts, Hände auf den Boden gestützt. Hinteres, gestrecktes Bein federt nach unten. (Bild 54)

Variation – Arme

☐ Hochhalte. (Bild 55, links)
☐ Seithalte. (Bild 55, rechts)

Variation – Beine

☐ Hände auf den Boden aufgestützt, gebeugtes Bein durchstrecken, Oberkörper federt zu vorderem gestrecktem Bein. (Bild 56)

Variation – Fuß

☐ Ferse des gestreckten Beines federt zum Boden.
☐ Flexion des vorderen Fußes (bei gestrecktem, vorderen Bein). (Bild 56, rechts)

54

55　　　　　　　　　　　　　　　56

57

59

Grundübung 27

Weiter Ausfallschritt seitwärts, Hände vor dem Körper aufgestützt. Im Wechsel: Nachfedern links ▷ Seitenwechsel über die tiefe Mittelstellung ▷ Nachfedern rechts. (Bild 57)

Variation – Füße
☐ Fußspitzen zeigen nach oben, Bein im Hüftgelenk »ausgedreht«. (Bild 58, vorne)
☐ Beide Fußspitzen zeigen nach vorne. (Bild 58, hinten)

Diese minimale Änderung der Fußstellung bewirkt eine Dehnung verschiedener Muskelgruppen an der Oberschenkelinnen- und -rückseite.

58

Variation – Arme
☐ Hoch-/Seit-/Vorhalte.
☐ Ein Arm in Hoch-, ein Arm in Seithalte.

Grundübung 28

Grätschsitz. Sanftes federndes Vorbeugen des Oberkörpers. (Bild 59)

Haltung! Im Grätschsitz auf geraden Rücken achten, und das Becken versuchen gerade zu stellen, bzw. nach vorne zu neigen. (Bild 61)

Variation – Oberkörper
☐ Vor-tief-federn mit Drehung zum Bein. (Bild 60, vorne)
☐ Oberkörper bleibt frontal, seitwärts zum Bein beugen. (Bild 60, hinten)
☐ In der Oberkörpervorbeuge von linkem Bein über vorne zum rechten Bein ziehen.

Variation – Beine
☐ In der Oberkörpervorbeuge Beugen ▷ Strecken der Beine. (Bild 61)
☐ Grätsche langsam schrittweise je nach individuellen Möglichkeiten vergrößern.

60

61

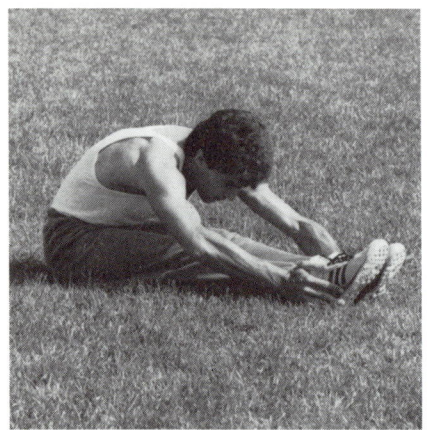

62

63

64

65

Grundübung 29

Strecksitz, Arme in Vorhalte. Oberkörper locker nach vorne-unten federn. (Bild 62)

Variation – Oberkörper
☐ Kopf zieht betont mit zu den Knien (Bild 63, Mitte)
☐ Hände umfassen Waden, Lendenwirbelbereich nach vorne schieben, Oberkörper und Kopf bleiben relativ aufrecht. (Bild 63, vorne)
☐ Oberkörper und Arme ziehen schräg nach vorne, Hände berühren den Boden neben den gestreckten Beinen. (Bild 63, hinten)

Variation – Fuß
☐ Flexion im Sprunggelenk, Hände fassen Fußspitzen. Oberkörper federt nach unten. (Bild 64)

> Diese Übung ist schwierig, denn die gesamte hintere Beinmuskulatur wird extrem gedehnt.

Grundübung 30

Rückenlage, ein Bein gebeugt vor-hoch nehmen, Hände umfassen das Schienbein. Bein nach oben ziehen. (Bild 65)

> Bei all diesen Übungen darauf achten, daß das gestreckte Bein auch tatsächlich gestreckt bleibt!

Variation – Beine
☐ Bein durchstrecken ▷ beugen, die Hände umfassen dabei den Unterschenkel. (Bild 66, hinten)
☐ Gestrecktes Bein zum Körper ziehen. (Bild 66, vorne)

Variation – Fuß
☐ Flexion im Sprunggelenk.

66

67

Grundübung 31

Rückenlage, Beine in Hochhalte gestreckt, Arme liegen neben dem Körper auf dem Boden. Im Wechsel: Beine grätschen ▷ schließen. (Bild 67)

Variation – Arme

☐ Beine gestreckt gegrätscht, Hände umfassen von innen die Fersen bzw. die Knöchel. In die weite Grätsche ziehen. (Bild 68)

68

Kräftigung

Auch während der Muskelkräftigung sollen Herz und Kreislauf weiter beansprucht werden. Dazu müssen die Übungen schwungvoll und dynamisch ausgeführt und ohne Pause aneinandergereiht werden. Eine Steigerung des Kräftigungseffektes erreicht man, wenn man zusätzlich die Muskelspannung erhöht.

Für eine ausgewogene Kräftigung des gesamten Körpers sollen Übungen aus allen angegebenen Körperbereichen ausgewählt werden.

69

Schulter- und Armmuskulatur

Grundübung 32

Grätschstand, Arme in Seithalte, Hände und Arme sowie die gesamte Körpermuskulatur sind fest angespannt. Kleine Auf- und Abbewegung der Arme vom Schultergürtel aus. (Bild 69)

> Während aller Übungen im Stand immer wieder auf die Körperspannung achten! Dadurch wird Bauch- und Gesäßmuskulatur für eine gute Haltung gekräftigt!

71

Variation – Arme

☐ Arme in Seithalte, Handflächen zeigen nach vorne. Dynamisch-rhythmische Vorbewegung gegen einen imaginären Widerstand. (Bild 70, links)

☐ Arme in Seithalte, Handflächen zeigen nach hinten. Rückbewegung der gestreckten, gespannten Arme.

70

72

☐ Arme in Seithalte. Gespannte Arme beschreiben kleine Kreise vorwärts/rückwärts.

☐ Arme in Seithalte. Energisches Eindrehen ▷ Ausdrehen einer/beider Schultern. (Schultern können gleichsinnig oder wechselnd drehen.) (Bild 70, rechts)

☐ Kräftiges, kleines Scheren der gestreckten Arme in Tiefhalte/Vorhalte/Hochhalte sowie in Tiefhalte hinter dem Rücken. (Bild 71)

Variation – Oberkörper

☐ Flachrücken Scherbewegung der Arme. (Bild 72)

Variation – Beine/Hüfte

☐ Hüftseitbewegung links ▷ rechts im rhythmischen Wechsel.

☐ Gehen am Ort. (Bild 71)

☐ Leichtes Federn am Ort.

> Werden Schulter-/Armaktionen gleichzeitig von Hüft-/Beinbewegungen begleitet, wird die Übung wesentlich dynamischer und damit anstrengender.

73

Seitliche Rumpfmuskulatur

Grundübung 33

Grätschstand, Arme in Hochhalte, Hände gefaßt. Oberkörperverwringung nach rechts ▷ links. (Bild 73)

Variation – Arme

☐ Vorhalte, Hände gefaßt. Arme schwingen in Bewegungsrichtung waagrecht zur Seite. (Bild 74)

74

75

Variation – Oberkörper

☐ Flachrücken, Arme in Vorhalte. Oberkörperverwringung nach links ▷ rechts. (Bild 75)
☐ Flachrücken, Oberkörper diagonal vorne. Oberkörperverwringung links ▷ rechts.

Bauchmuskulatur

Grundübung 34

Schwebesitz, Ellbogen hinter dem Körper aufgestützt. Radfahren. (Bild 76)

Variation – Beine

☐ Kleines Kreuzen der gestreckten Beine. (Bild 77, Mitte)
☐ Im Wechsel: die gestreckt angehobenen Beine grätschen ▷ schließen. (Bild 77, vorne)
☐ Scheren: die gestreckten angehobenen Beine wechselseitig hoch-tief-führen. (Bild 77, hinten)
☐ Im Wechsel: Beine anhocken ▷ strecken (knapp über dem Boden, aber ohne den Boden zu berühren).

☐ Gestreckte, geschlossene Beine anheben bis zur Senkrechten ▷ tiefführen bis knapp über den Boden.

Variation – Körperposition

☐ Rückenlage. (Bild 78, vorne)
☐ Schwebesitz, Arme in Seithalte. (Bild 78, hinten)

76

77

78

79

Grundübung 35

Rückenlage, Arme in Hochhalte. Im Wechsel: Aufrichten des Oberkörpers zum Strecksitz, Arme bleiben in Hochhalte ▷ ablegen in die Rückenlage (»Sit-Ups«). (Bild 79)

Variation – Beine

☐ Mit dem Aufrichten des Oberkörpers gleichzeitig ein Bein gestreckt vor-hoch-führen (»einbeiniges Klappmesser«). (Bild 80, hinten)

☐ Mit dem Aufrichten zum Sitz gleichzeitig ein angewinkeltes Bein vor-hoch-führen, Oberkörper dreht zum angewinkelten Bein. (Bild 80, vorne)

☐ Sit-Ups mit gebeugt aufgestellten Beinen. (Bild 80, Mitte)

Variation – Arme

☐ Nackenhalte. (Bild 80, vorne)

Grundübung 36

Rückenlage, Beine hüftbreit angewinkelt aufgestellt, Arme in Nackenhalte. Kopf und Schultern leicht anheben, Kopf gerade lassen ▷ Absenken. (Bild 81)

80

81

82

Variation – Arme

☐ Gerades Vorführen der Arme zur Unterstützung der Hochbewegung.

Variation – Beine

☐ Ein Bein in gestreckter Hochhalte. (Bild 82, rechts)

☐ Beide Beine in gestreckter Hochhalte, geschlossen.

☐ Beide Beine in gestreckter Hochhalte, gegrätscht. (Bild 82, links)

Variation – Oberkörper

☐ Den geraden Oberkörper so weit wie möglich rückneigen und dort verbleiben, Armbewegung wie beim Seilklettern. (Bild 83)

83

Rücken- und Gesäß-muskulatur

Eine kräftige Rückenmuskulatur entlastet und schützt dadurch die Wirbelsäule beim Heben und Tragen von schweren Gegenständen. Darüber hinaus ist sie für eine gute Haltung unerläßlich.

84

85

86

Grundübung 37

Bauchlage, Arme liegen in Hochhalte auf dem Boden. Im Wechsel: linken Arm und rechtes Bein anheben ▷ ablegen ▷ rechten Arm und linkes Bein anheben. Den Oberkörper dabei so weit wie möglich aufrichten. (Bild 84)

Variation – Beine

☐ Anheben beider Beine.
☐ Anheben beider Beine, dabei Unterschenkel abwechselnd anwinkeln, die Knie berühren dabei nicht den Boden. (Bild 85, hinten)
☐ Kurzes Kreuzen der angehobenen Beine. (Bild 85, Mitte)
☐ Grätschen ▷ Schließen der angehobenen Beine. (Bild 85, vorne)

Variation – Oberkörper/Arme

☐ Anheben beider Arme in der Hochhalte.
☐ Angehobene Arme beugen ▷ strecken. Beim Beugen der Arme wird der Oberkörper verstärkt aufgerichtet. (Bild 86)
☐ Scheren der gestreckt angehobenen Arme.
☐ Arme auf dem Rücken verschränkt.

87

88

Gesäß- und Oberschenkel-muskulatur

Grundübung 38

Rückenlage, Beine hüftbreit angewinkelt aufgestellt, Becken und Oberkörper angehoben, nur noch der Schultergürtel hat Bodenkontakt. In dieser Position federt das Becken mit geringer Amplitude nach oben. (Bild 87)

Variation – Hüfte

☐ Nur eine Gesäßhälfte wird angehoben.

Variation – Beine

☐ Beine parallel geschlossen aufgestellt. (Bild 88, links)
☐ Beine hüftbreit aufgestellt, nur Oberschenkel und Knie pressen kräftig zusammen. (Bild 88, rechts)

Grundübung 39

Bankstellung, ein Bein waagrecht gestreckt. Gestrecktes angespanntes Bein federt mit geringer Amplitude nach oben. (Bild 89)

> Diese Übung soll nicht die Spreizfähigkeit fördern, sondern die Gesäßmuskulatur kräftigen.
> Daher soll das Bein nicht unkontrolliert hoch ins Kreuz schwingen, sondern unter Spannung »geführt« werden.

Variation – Beinbewegung

☐ Gestrecktes Bein beschreibt kleine Kreise.
☐ Unterschenkel abwinkeln ▷ strecken, Oberschenkel bleibt waagrecht gespannt. (Bild 90, links)
☐ Bein rechtwinklig seitwärts halten, das gestreckte Bein vor- ▷ rück-führen. (Bild 90, rechts)
☐ Wie oben, aber das gestreckte Bein hoch- ▷ tief-führen
☐ Im Wechsel: Bein angewinkelt vor zum Kopf führen ▷ gestreckt nach hinten zur Waagerechten ausschwingen (nicht ins Hohlkreuz). (Bild 91)

Variation – Füße

☐ Flexion des Sprunggelenkes.

89

90

91

Beinmuskulatur

Grundübung 40

Seitlage, auf dem Ellbogen aufgestützt, andere Hand auf die Hüfte gestützt, Oberkörper und Beine bilden eine Linie. Das gestreckte Bein hoch- ▷ tief-führen, ohne es auf das untere Bein abzulegen. (Bild 92)

Variation – Beine

☐ Knie vor-hoch zum Oberkörper ziehen ▷ strecken des Beines zur Ausgangslage (ohne Ablegen). (Bild 93, hinten)
☐ Gestrecktes Bein weit nach oben schwingen, Bein ist dabei im Hüftgelenk ausgedreht, Fußrist zeigt nach oben ▷ tief-führen, ohne das Bein abzulegen.

☐ Freies Bein rechtwinklig vor den Körper halten. Das Bein anheben ▷ senken. (Bild 93, vorne)

Variation – Körperlage

☐ ¼ Drehung zur Bauchlage. (Bild 94)

Variation – Füße

☐ Flexion im Sprunggelenk. (Bild 94)

> Es sollen viele Übungsvariationen zunächst auf einer Seite durchgeführt werden, um die Reizhäufigkeit für die extensive Intervallmethode zu gewährleisten. Danach aber nicht den Seitenwechsel vergessen!

92

93

94

95

96

Grundübung 41

Strecksitz, ein Bein angewinkelt, beide Hände umfassen das angewinkelte Bein. Gestrecktes Bein hoch- ▷ tief-führen, ohne es auf den Boden abzulegen. (Bild 95)

Damit mit dieser Übung auch wirklich die Oberschenkelmuskulatur des gestreckten Beines gekräftigt wird, muß der Rücken gerade bleiben!

Variation – Beine

☐ Gestrecktes Bein beschreibt einen Kreis.
☐ Gestrecktes Bein anwinkeln ▷ strecken, ohne es dazwischen abzulegen. (Bild 96, rechts)
☐ Gestrecktes Bein von der Vorhalte ▷ nach diagonal-seitwärts führen. (Bild 96, links)

Variation – Fuß

☐ Flexion im Sprunggelenk.

Entspannung

Am Ende einer körperlichen Belastung sind Entspannungsübungen eine Möglichkeit, den Erholungsprozeß zu fördern, also Herzschlag und Atemfrequenz zu normalisieren und die muskuläre Anspannung zu lösen. Schließen Sie dazu die Augen und konzentrieren Sie sich ganz auf die Übung und Ihren eigenen Körper.

Grundübung 42

Methode der Tiefmuskelentspannung:
Rückenlage, Arme neben dem Körper abgelegt. Einzelne Körperteile durch Konzentration anspannen und dabei einatmen ▷ Körperpartien bewußt entspannen und tief ausatmen. Den Körper systematisch von den Beinen zum Kopf »durcharbeiten« (siehe S. 26).

Grundübung 43

Rückenlage, Arme neben dem Körper abgelegt, Fußspitzen fallen locker nach außen, Augen schließen und längere Zeit in dieser Position verweilen. Konzentration auf tiefes Ein- und Ausatmen lenken. (Bild 97, hinten)

Variation – Körperposition

☐ Beide Beine geschlossen angewinkelt zu einer Seite ablegen. (Bild 97, vorne)
☐ Angewinkelte Beine locker nach beiden Seiten auseinanderfallen lassen.
☐ Beine anwinkeln, Knie auf der Stirn ablegen. (Bild 97, links)
☐ Angewinkelte Beine neben dem Kopf absenken.

Bei allen Entspannungsübungen bewußt die Konzentration auf eine tiefe, regelmäßige Atmung lenken und die Spannungsänderung im eigenen Körper erfühlen!

Grundübung 44

Rückenlage, Arme liegen in Hochhalte auf dem Boden. Extreme Körperstreckung (Räkeln), dabei anspannen und einatmen ▷ entspannen und ausatmen. (Bild 98)

97

98

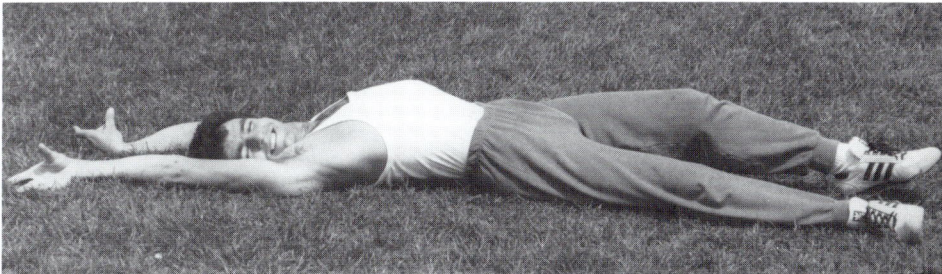

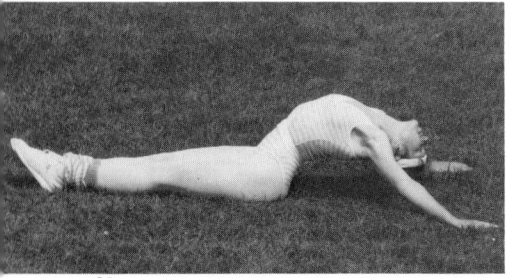

99

101

Grundübung 45

Rückenlage, Arme in Seitlage neben dem Körper, Handflächen liegen auf dem Boden. Kopf nach hinten nehmen, Brustkorb langsam nach oben wölben, Spannung erhöhen und die Position für kurze Zeit halten ▷ Brustkorb ablegen, entspannen, tief ausatmen, entspannen. Mehrfach wiederholen. (Bild 99)

Grundübung 46

Rückenlage, Beine hüftbreit angewinkelt aufgestellt, Arme neben den Körper abgelegt. Beim Steißbein und Kreuzbein beginnend einen Wirbel nach dem anderen nach oben drücken bis nur noch der Schultergürtel auf dem Boden ruht, Spannung kurze Zeit beibehalten ▷ Spannung lösen, dabei von der Schulter beginnend Wirbel für Wirbel ablegen, entspannt ausatmen. (Bild 100)

100

Grundübung 47

Seitlage, Arme in Hochhalte. Wechselweise in die Bogenspannung ziehen und dabei tief einatmen, Spannung kurz beibehalten ▷ entspannen und Körper zusammenrollen, Hände umfassen die angehockten Beine, tief ausatmen. (Bild 101)

Grundübung 48

Schneidersitz, Arme locker auf die Knie aufgelegt. Mit wachsender Körperspannung den Rücken gerade aufrichten, Kopf und Brustbein hochziehen, tief einatmen ▷ entspannen und dabei den Oberkörper locker vor-tief-beugen und tief ausatmen. Im Atemrhythmus fortfahren. (Bild 102)

Variation – Arme

☐ Großer beidarmiger Armkreis zur Unterstützung des Einatmens (Brustkorberweiterung).

102

Grundübung 49

Strecksitz, Arme in Tiefhalte. Rücken gerade aufrichten, Spannung im gesamten Körper bis zu den Zehenspitzen ▷ Oberkörper locker vorfallen lassen, entspannt ausatmen.

Variation – Arme

☐ Großer beidarmiger Armkreis zur Unterstützung des Einatmens (Brustkorberweiterung). (Bild 103)

Grundübung 50

Fersensitz, Oberkörper vorgebeugt. Vom Lendenwirbelbereich beginnend einen Wirbel nach dem anderen aufrichten, bis der Rücken und der Kopf gerade sind, mit tiefem Einatmen verbinden ▷ ausatmen, Wirbel für Wirbel vom Kopf angefangen zurück in die Ausgangsposition rollen. Ein großer Armkreis unterstützt das Einatmen.

103

104

Grundübung 51

Vom Hockstand aus langsames Aufrichten in den Stand: zunächst Beine durchstrekken ▷ Oberkörper allmählich Wirbel für Wirbel aufrichten, Arme und Kopf noch locker hängen lassen ▷ Kopf zuletzt aufrichten. Danach die gleiche Bewegung rückläufig in den Hockstand. (Bild 106)

107

105

Variation – Oberkörper

☐ Körperwelle zum Kniestand: Wirbel von der Hüfte beginnend vorschieben, Kopf zuletzt nach hinten bringen, mit großem Armkreis verbinden. (Bild 104)

☐ Aus dem Fersensitz rechten Arm rechts neben dem Körper aufstützen, linkes Bein seitlich ausgestreckt ▷ linker Arm beschreibt einen großen Kreis und zieht in Verlängerung des Oberkörpers zur Überstreckung, dabei tief einatmen ▷ Bewegung zurück in den Fersensitz ▷ gleiche Bewegung zur anderen Seite. (Bild 105)

106

Grundübung 52

Grätschstand, Arme in Tiefhalte. Einatmen mit großem beidarmigen Armkreis, mit unterstützendem Beugen der Beine, Arme zur Hochhalte führen, atmen ▷ Spannung lösen, Armkreis zurück in die Tiefhalte. (Bild 107)

Gymnastik mit Reifen und Seil

Ein einfacher Reifen aus Holz und das Sprungseil waren ursprünglich Spielgeräte, deren klare, elementare Formen den Einfallsreichtum und Bewegungsschatz der Kinder entwickeln helfen sollten. Daß Reifen und Seil aber weit mehr als »nur« Kinderspielzeug sein können, merken wir spätestens dann, wenn wir die Geräte selbst in die Hand nehmen und den Kindern etwas vormachen wollen: man will es nicht wahrhaben, aber »das bißchen« Seilspringen oder Hula-Hoop bringt einen ganz schön außer Atem, und auch in puncto Geschicklichkeit müssen wir uns nur allzu oft von den Kindern etwas vormachen lassen. Tatsächlich sind Reifen und Seil hervorragende Fitnessgeräte. Nicht umsonst ist Hula-Hoop, das schon in den 50er Jahren eine ganze Generation »beschwingte«, wieder aus der Mottenkiste geholt worden. Hula-Hoop und Seilspringen ist aber bei weitem nicht alles, womit uns Reifen und Seil in Schwung bringen können. Eine Ahnung davon, welche Möglichkeiten in den Geräten stecken, geben uns immer wieder die Wettkampfgymnastinnen, wenn sie auf spielerische oder höchst akrobatische Art und Weise Reifen und Seil werfen, schwingen, rotieren, zwirbeln, spannen ... Die Einfachheit der Geräte läßt der Bewegungsphantasie jedmöglichen Spielraum. In einer Fitnessgymnastik müssen sich die Elemente allerdings auf einfachere Formen beschränken, da ein langwieriges Üben von schwierigen technischen Bewegungsfertigkeiten für den Laien ohne gründliche technische Vorbildung weder Spaß noch

Kondition bringt. Aus der Vielfalt der Übungen sollen die ausgewählt werden,

☐ die die spezifischen Möglichkeiten des Gerätes nutzen,
☐ die einen Trainingseffekt haben, also gezielt dehnen oder kräftigen,
☐ die einfach erlernbar sind,
☐ die aber dennoch die Geschicklichkeit schulen,
☐ und die letztlich rhythmisch im Takt der Musik auszuführen sind.

Diese Anforderungen sollen aber nicht gleich Ihren Einfallsreichtum einschüchtern. Vielleicht experimentieren Sie einmal zuerst selbst, bevor Sie sich von den Übungsvorschlägen anleiten lassen. Reifen und Seil eröffnen viele neue Bewegungsmöglichkeiten und bringen mit Sicherheit Abwechslung in Ihr Gymnastiktraining.

Übungsdarstellung

Auch hier, wie schon in der Aerobic-Gymnastik, sind die Übungen bewußt nicht als ein fixes Programm in nachvollziehbarer Reihenfolge aufgelistet. Aus der Gliederung, gemäß der im Theoriekapitel eingeführten Leistungsfaktoren sowie der Angabe der trainierten Muskelgruppe, sollen Sinn und Zweck der einzelnen Übungen verdeutlicht werden. Mit etwas eigener

Überlegung kann dann jeder entsprechend der individuellen sportlichen Form und des Geschmacks sein persönliches Übungsprogramm zusammenstellen.
Eine Anregung, wie Übungen ausgewählt, zusammengestellt und notiert werden können, ist auf Seite 36 angegeben.

Seilgymnastik ist eingeteilt in:

☐ Seilspringen – geeignet zur Erwärmung, Lockerung oder Ausdauerschulung
☐ Übungen zur Dehnung
☐ Übungen zur Kräftigung.

Die Reifengymnastik ist untergliedert in:

☐ Leichte dynamische Übungen zur Erwärmung
☐ Übungen zur Dehnung
☐ Übungen zur Kräftigung
☐ Geschicklichkeitsübungen mit rotierendem Reifen.

Trainingsaufbau

Bei der Übungszusammenstellung empfiehlt es sich von der Dreiteilung in

☐ Erwärmung
☐ Hauptteil
☐ Ausklang

auszugehen. Die allgemeinen Trainingsprinzipien von Seite 28 geben im weiteren den Leitfaden für einen sinnvollen Trainingsaufbau.

1. Erwärmung

Der Organismus und auch das Bewußtsein brauchen eine gewisse Anlaufzeit, um sich vom Alltag weg auf sportliches Bewegen einzustellen. Überfordern Sie sich daher nicht gleich am Anfang, sondern gönnen Sie sich wirklich ausgedehnte Erwärmung. Prinzipiell ist dazu jede Form möglich, sei es Einlaufen oder leichte beweglichmachende Übungen wie sie der Aerobic-Gymnastik vorangestellt sind. Ein Erwärmen mit dem Reifen oder dem Seil hat aber darüber hinaus den Vorteil, daß man sich an das Gerät gewöhnt.

Eine Reifengymnastik beginnt am besten mit schwungvollem Springen und Laufen mit oder durch den Reifen, wozu die Grundübungen 1–5 einige Möglichkeiten darstellen. Hula-Hoop mag für den Anfänger noch etwas zu schwierig sein, für Fortgeschrittene jedoch, die die Technik schon beherrschen, ist es eine ideale Aufwärmübung für den ganzen Körper.

Als Einstimmung für eine Gymnastik mit dem Seil eignen sich alle Formen des Seilspringens, solange sie locker und dynamisch ausgeführt werden können. Zu schwierige Übungen haben aber am Anfang keinen Sinn, denn man bringt sich nur unnötig außer Atem, verkrampft und erreicht genau die gegenteilige Wirkung: der Körper fühlt sich ausgepumpt noch bevor das eigentliche Training beginnen soll. Nehmen Sie diese Übungen als Anregung, und gestalten Sie Ihre Erwärmung damit wirklich so, daß Sie sich nach 10 Minuten gelockert und bewegungsbereit fühlen!

2. Hauptteil

Gymnastik mit dem Reifen und dem Seil ist ein umfassendes Körpertraining, in dem Dehnung, Kräftigung und Koordinationsschulung in einem ausgewogenen Verhältnis stehen. Die Geräte mit ihren typischen Eigenschaften legen es nahe, die gymnastischen Übungen insgesamt schwungvoll und dynamisch zu gestalten. Dehnungsübungen werden daher dynamisch federnd oder schwingend ausgeführt. Da die Kräftigungsübungen vergleichsweise leicht sind – die Geräte stellen ja keine zusätzliche Gewichtsbelastung dar, sondern erhöhen lediglich den koordinativen Anspruch – werden diese mit hoher Wiederholungszahl ausgeführt und trainieren somit die Kraftausdauer. Um dem extensiven Intervallprinzip zu folgen, empfiehlt es sich, zu einer Muskelgruppe mehrere Übungsvarianten mit oder ohne Pause hintereinander zu reihen. Mit Dehnung und Kräftigung im Wechsel sollte der Körper systematisch durchgearbeitet werden. Dennoch ist es sinnlos, möglichst viele oder alle Übungen durchmachen zu wollen. Treffen Sie eine Auswahl aus dem Übungsangebot, die Ihrem Leistungsniveau entspricht, und mit der Sie eventuell Schwerpunkte setzen. Es ist effektiver, eine Übung richtig und längere Zeit durchzuführen, als eine Unzahl von Übungen durchzuhetzen.

Reifen und Seilgymnastik können auch die Ausdauer mittrainieren, wenn die Erholungspausen kurz gehalten sind oder durchwegs kontinuierlich nach der Dauermethode verfahren wird. Dazu müssen die allerdings etwas schwierigeren Geschicklichkeitsübungen schon flüssig und automatisch beherrscht werden. Die Konditionsphase sollte etwa 30–40 Minuten dauern und eine zunehmende Belastungssteigerung erfahren. Für Fortgeschrittene können daher 5 Minuten schnelles Seilspringen oder die schwierigeren Geschicklichkeitsübungen mit dem rotierenden Reifen noch als intensiver Abschluß dienen.

3. Ausklang

Keine Trainingseinheit sollte abrupt nach einem hohen Belastungsgipfel enden. Die Muskulatur sollte nochmals gelockert und entspannt werden, wodurch die Blutzirkulation angeregt wird und angehäufte Stoffwechselschlacken abtransportiert werden. Einem Muskelkater kann dadurch vorgebeugt werden. Für Reifen- und Seilgymnastik wurde darauf verzichtet, spezielle Übungen zum Ausklang anzugeben. Es eig-

Stundenaufbau

Phasen	Seilgymnastik	Reifengymnastik
Erwärmung (10 Min.)	Alle Formen von Seilspringen	Dynamische Übungen mit dem Reifen
		Für Fortgeschrittene: Hula-Hoop
Hauptteil (30 Min.)	Dehnungs- und Kräftigungsübungen für den ganzen Körper	Dehnungs- und Kräftigungsübungen für den ganzen Körper
	Für Fortgeschrittene: im Anschluß daran intensives Seilspringen	Für Fortgeschrittene: Geschicklichkeitsübungen mit dem Reifen
Ausklang (5 Min.)	Lockerndes Seilspringen	Lockeres Auslaufen

nen sich ähnlich schwungvolle Übungen, die schon zum Aufwärmen verwendet wurden. Aber auch lockeres Auslaufen schafft einen guten Übergang zum Alltag.

Musik

So richtig Spaß macht auch die Reifen- oder Seilgymnastik erst mit Musik. Daß die Bewegungen mit Seil und Reifen aber wesentlich mehr Geschicklichkeit und Körperbeherrschung erfordern, haben Sie vielleicht schon selbst feststellen müssen. Sollen nun die Übungen rhythmisch dem Takt der Musik angepaßt werden, wird der Anspruch an die koordinativen Fähigkeiten noch einmal um einiges erhöht. Wenn es also nicht gleich klappt, brauchen Sie sich kein Kopfzerbrechen zu machen, man kann ja schließlich nicht gleich perfekt sein. Zur Musikzusammenstellung gelten die gleichen Grundsätze wie bei der Aerobic-Gymnastik: Am besten legt man sich eine eigene Kassette an, wobei vor allem Wert darauf zu legen ist, daß Tempo und Charakter der Musikstücke sich nicht allzu stark ändern. Welche Art von Musik Sie wählen, bleibt alleine Ihrem Geschmack überlassen – die Hauptsache ist, sie spornt an!

Gymnastik mit Seil macht nicht nur Spaß, sondern ist auch ein hervorragendes Fitnesstraining

Gymnastik mit dem Seil

Seilspringen

Die verschiedenen Übungen im Seilspringen eignen sich hervorragend für eine allgemeine Erwärmung wie auch für einen
lockeren Ausklang.

1

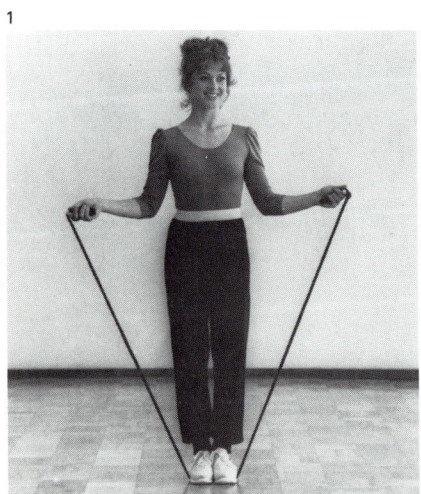

Richtige Seillänge:
Stand auf dem Seil, Seilenden mit
beiden Händen gefaßt. Seillänge so
wählen, daß die Unterarme bei ge-
spanntem Seil etwa waagrecht sind.
(Bild 1)

Wichtig:
Bei allen Seilsprungübungen sollte
das Seil frei durchschwingen, ohne
auf dem Boden aufzuschlagen. So
können die Übungen flüssiger und
sauberer ausgeführt werden. Der Impuls zum Schwingen des Seils erfolgt
aus dem Handgelenk. Die Arme und
der Oberkörper bleiben möglichst ruhig, so wird das Seilschwingen nicht
durch unnötige Mitbewegungen des
Körpers gestört. Das ist vor allem
wichtig, wenn die Übungen schwieriger werden.

Grundübung 1

In der Vorwärtsbewegung Seilspringen mit
beliebig vielen Zwischenschritten. Langsam das Tempo steigern und einen Rhythmus finden. (Bild 2)

Variation
☐ Im Vorwärtslaufen Seildurchschlag bei
jedem 2. Schritt.
☐ Im Vorwärtslaufen Seildurchschlag bei
jedem Schritt.
☐ Gleicher Bewegungsablauf am Ort.

2

Variation – Seilschwungrichtung
☐ Gleiche Übungen mit Seilschwingen
rückwärts.

Grundübung 2

Seilspringen beidbeinig mit geschlossenen
Beinen am Ort. Zunächst mit beliebig vielen Zwischenfederungen üben, dann das
Tempo steigern und den Bewegungsrhythmus finden. (Bild 3)

3

Variation

☐ Durchschläge ohne Zwischenfederung.

Variation – Beine

☐ Beine völlig gestreckt lassen. Das Springen erfolgt nur aus dem Fußgelenk.
☐ Beim Überspringen des Seiles hohes Anhocken der Beine. (Bild 4)
☐ Beine leicht gegrätscht ▷ beim Seildurchschlag Beine schließen. (Bild 5)

Variation – Seilschwungrichtung

☐ Seilschwingen rückwärts.

4

5

6

Grundübung 3

Seilhüpfen auf einem Bein mit einer Zwischenfederung am Ort. Beinwechsel. (Bild 6)

Variation

☐ Ohne Zwischenfederung
☐ In der Fortbewegung vorwärts/rückwärts.

Variation – Seilschwungrichtung

☐ Seilschwingen rückwärts.

7

Grundübung 4

Seilspringen im Seitgalopp: Schritt seitwärts, während das Seil über den Kopf anschwingt ▷ Seildurchschlag bei geschlossenen Beinen. (Bild 7)

Lernschritte

1. Seilspringen am Ort mit geschlossenen Beinen und einer Zwischenfederung.
2. Seildurchschlag bei geschlossenen Beinen; bei der Zwischenfederung Beine durch einen kleinen Schritt seitwärts leicht grätschen; Seildurchschlag wieder bei geschlossenen Beinen.
3. Schritt seitwärts zunehmend mit Raumgewinn ausführen.

Variation – Richtung

☐ Seitgalopp mit Seilschwingen rückwärts.

8

Grundübung 5

Seilspringen im Vorwärtslauf, Seildurchschlag bei jedem zweiten Schritt. Im Wechsel: ein einfacher Seildurchschlag ▷ ein Seildurchschlag mit Überkreuzen der Arme vor dem Körper und dadurch Überkreuzen des Seiles ▷ ein einfacher Seildurchschlag mit parallelen Armen. (Bild 8)

Variation – Arme
□ Mehrere Seildurchschläge nacheinander mit gekreuzten Armen.

Variation – Beine
□ Beidbeiniges Federn am Ort mit einer Zwischenfederung. Im Wechsel: Arme kreuzen ▷ öffnen.
□ Beidbeiniges Federn ohne Zwischenfedern. Im Wechsel: Arme kreuzen ▷ öffnen.

Grundübung 6

Dreifach zusammengelegtes Seil an beiden Enden gefaßt. Beidbeiniges Überspringen des Seiles durch hohes Anhocken, vorwärts ▷ rückwärts. Mit beliebig vielen Zwischenfederungen. (Bild 9)

Variation
□ Rhythmische Ausführung mit einer Zwischenfederung.
□ Überspringen vorwärts ▷ rückwärts ohne Zwischenfederung.

Variation – Seilfassung
□ Seil allmählich enger fassen.

Grundübung 7

Doppelt zusammengelegtes Seil in einer Hand. Seil waagrecht knapp über dem Boden kreisen lassen. Überspringen des schwingenden Seiles, Rhythmus finden. Seilschwingen mit linker und rechter Hand. (Bild 10)

9

10

Variation
□ Beidbeiniges Überspringen des Seiles.
□ Im Wechsel: ein »Lassoschwung« waagrecht über den Kopf ▷ ein Kreisschwung knapp über dem Boden mit Überspringen des Seiles.
□ Im Wechsel: ein »Lassoschwung« über dem Kopf mit $^1/_1$ Körperdrehung ▷ ein Kreisschwung knapp über dem Boden mit Überspringen des Seiles.

Seilspringen partnerweise
Bereiten Ihnen all diese Seilspringübungen keine Schwierigkeiten mehr? Dann versuchen Sie einmal die gleichen Übungen partnerweise auszuführen.
Hier kommt es nicht nur auf die Koordination des eigenen Körpers mit dem Gerät an, sondern man muß sich noch zusätzlich auf einen Partner abstimmen!

Beispiele
1. Die Partner stehen hintereinander, der hintere Partner schwingt das Seil. Beidbeiniges Seilspringen mit geschlossenen Beinen am Ort (siehe Grundübung 2). (Bild 11)

11

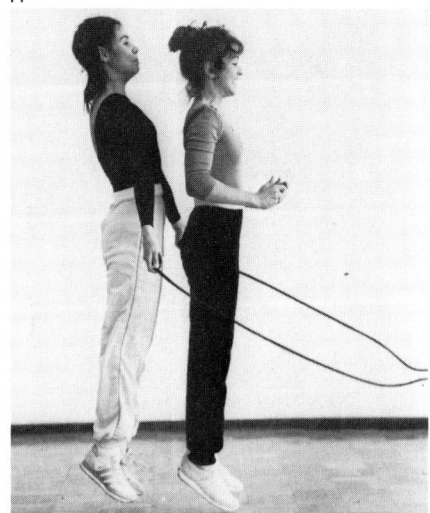

12

2. Die Partner stehen mit dem Gesicht zu-einander, ein Partner schwingt das Seil. Einbeiniges Seilspringen am Ort (siehe Grundübung 3). (Bild 12)

3. Die Partner stehen hintereinander, hinterer Partner schwingt das Seil. Freier Partner führt beim Überspringen des Seiles Dreh-sprüge aus, mit ¹/₄, ¹/₂ oder auch ¹/₁Dre-hung. (Bild 13)

13

14

4. Die Partner stehen nebeneinander, das Seilende wird jeweils mit der äußeren Hand gefaßt. Seilspringen im Vorwärtslau-fen (siehe Grundübung 1). (Bild 14)

15

Dehnung

Mit Hilfe des Seiles, das zusammengelegt, gehalten, gespannt oder übergeben wird, ergeben sich eine ganze Reihe abwechs-lungsreicher Dehnungen für alle Körperbe-reiche. Auch hier wird schwungvoll und rhythmisch, am besten zur Musik gedehnt!

Arm- und Schultermuskulatur

Grundübung 8

Leichter Grätschstand, 8fach zusammenge-legtes Seil, beidhändig gefaßt. Großes Achterschwingen der parallelen, gestreck-ten Arme vor dem Körper (liegende Acht). (Bild 15)

Variation – Beine

☐ Mitfedern in den Knien zur Schwungun-terstützung. (Bild 16, rechts)
☐ Seitverlagerungen (in etwas weiterem Grätschstand).

Variation – Arme

☐ Seil beidhändig in Vorhalte gefaßt. Parallele, gestreckte Arme schwingen waagrecht nach links ▷ rechts. (Bild 16, links)

16

17

18

21

Grundübung 9

Im Stand doppelt gelegtes Seil mit beiden Händen vor dem Körper gehalten. Das Seil übersteigen ▷ Seil von hinten über den Kopf nach vorne bringen, Arme können nacheinander gebeugt werden. (Bild 17)

Variation – Richtung
☐ Gleicher Bewegungsablauf in die andere Richtung.

Variation – Arme
☐ Arme gestreckt lassen.

Variation – Seilfassung
☐ Griffbreite zunehmend verkleinern.

Grundübung 10

Leichter Grätschstand, Arme in Hochhalte, Seil 4fach gespannt gefaßt. Möglichst weites Rückfedern der gestreckten Arme. (Bild 18)

Variation – Arme
☐ Gespanntes Seil ist möglichst weit hinter dem Kopf. Arme beugen ▷ strecken. (Bild 19)

19   20

Variation – Seilfassung
☐ Griffweite vergrößern/verkleinern.

Grundübung 11

Leichter Grätschstand, Arme in Tiefhalte, 4faches Seil hinter dem Rücken gespannt gefaßt, Handflächen zeigen nach vorne. Hochfedern der gestreckten Arme hinter dem Rücken. (Bild 20)

Variation – Rumpf
☐ Rumpfvorbeuge, gestreckte Arme federn nach vorne-unten. (Bild 21, rechts)
☐ Rumpfvorbeuge nach diagonal links unten ▷ rechts unten, gestreckte Arme federn nach vorne-unten. (Bild 21, links)

Variation – Seilfassung
☐ Griffbreite am Seil verkleinern.

Grundübung 12

Fersensitz, rechter Arm von der Hochhalte nach hinten abgewinkelt, rechte Hand hält 4faches Seil hinter dem Rücken. Linke Hand greift das Seil von unten und zieht am Seil nach unten, rechter Ellbogen bleibt nahe dem Kopf. Armwechsel. (Bild 22)

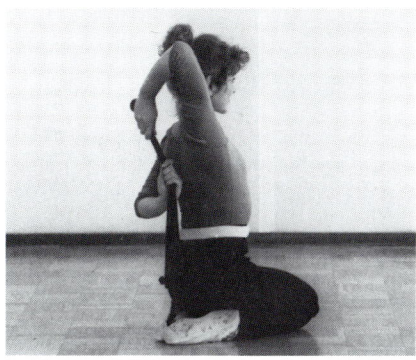

22

25

Seitliche Rumpfmuskulatur

Grundübung 13

Leichter Grätschstand, Arme in Hochhalte, doppelt gelegtes Seil in Schulterbreite gefaßt. Körperverwringung um die Längsachse nach links ▷ rechts. (Bild 24)

Variation – Seilfassung
☐ Griffbreite vergrößern, Arme bis zur Seithalte bringen.

Variation – Beine
☐ Kniebeuge bei Körperdrehung links ▷ Kniestreckung in Mittelstellung ▷ Kniebeuge bei Körperdrehung rechts.

Variation – Rumpf
☐ Verwringung mit Oberkörperrückbeuge, linke Hand zieht zu rechter Ferse ▷ Mittelstellung ▷ rechte Hand zieht zu linker Ferse. (Bild 25) Nicht absetzen! Die Hüfte wird vorgeschoben!

24

26

Grundübung 14

Grätschstand, Arme in Hochhalte. Seil 4fach gespannt gefaßt. Rumpfseitbeuge links ▷ rechts. (Bild 26)

23

Variation – Seilfassung
☐ Hände nähern sich.

Variation – Arme
☐ Rechter Arm in Hochhalte gestreckt, linker Arm gebeugt. Rechte Hand verstärkt Zug nach oben. (Bild 23)

Die Rumpfseitbeuge ist nicht ein passives seitliches Abknicken des Oberkörpers! Der langgestreckte frontale Oberkörper und die gestreckten Arme ziehen nach schräg seitlich oben und der Kopf bleibt in Verlängerung der Wirbelsäule!

27

29

Gesamte Rumpfmuskulatur

Grundübung 15

Leichter Grätschstand, Seil 8fach zusammengelegt. Seilübergabe um den Körper in Hüfthöhe. Das Seil bleibt möglichst im Mittelpunkt, nur die Hüfte bewegt sich um das Seil. Richtungswechsel. (Bild 28)

Rückwärtige Beinmuskulatur

Grundübung 16

Grätschstand, Rumpftiefbeuge. 8faches Seil im Achter möglichst nah über dem Boden um die gegrätschten Beine übergeben. (Bild 29)

Variation – Arme

☐ Rumpfseitbeuge rechts, Abwinkeln des linken Armes. Der Zug mit der rechten Hand verstärkt die Dehnung der Körperseite. Seitenwechsel. (Bild 27)

Variation – Beine

☐ Seitverlagerungen zur Seite der Rumpfbeuge. Gestrecktes, Bein, Oberkörper, Arme und Kopf bilden eine Linie!
☐ Schlußstellung.
☐ Kniebeugestellung.

28

30

Variation – Beine

☐ Seil auf dem Boden im Achter schleifen, Grätschstand verkleinern.
☐ Grätschstand vergrößern.
☐ Seitverlagerungen. Seil um das gebeugte Bein übergeben. (Bild 30)

Grundübung 17

Stand auf dem 4fach zusammengelegten Seil, Rumpftiefbeuge, Hände umfassen die Seilenden. Mit Zug der Arme federt der Oberkörper nach unten. (Bild 31)

31

32

Variation – Beine

☐ Beine wechselseitig beugen, Fußsohlen bleiben dabei auf dem Boden.
☐ Beine überkreuzen. (Bild 32, links)
☐ Beide Beine beugen zur Hocke ▷ durchstrecken mit Oberkörpertiefbeuge. (Bild 32, rechts)

Variation – Seilfassung

☐ Seil zunehmend enger fassen.

33

35

36

Grundübung 18

Sitz mit angehockten Beinen. 4fach geleg-tes Seil an den Enden gefaßt und um die Fußsohlen gelegt. Strecken der Beine mit Vorbeugen des Oberkörpers, Knie dabei zur völligen Streckung bringen. (Bild 33)

Variation – Seilfassung
☐ Seil zunehmend kürzer fassen.

Variation – Beine
☐ Beine anhocken ▷ durchstrecken zum hohen Schwebesitz. (Bild 34)

Variation – Füße
☐ Im Strecksitz Seil um die Fußballen ge-legt. Bei Oberkörpervorbeuge: Flexion ▷ Streckung im Fußgelenk. Beine bleiben völ-lig gestreckt.

34

Grundübung 19

Rückenlage, 1 Bein vor-hoch angehockt, 4faches Seil an beiden Enden gefaßt, Seil-schlaufe liegt um die Fußsohlen. Durch-strecken des Beines bis mindestens zur Senkrechten ▷ Bein anhocken. (Bild 35)

Variation – Beine
☐ Seilschlaufe um beide Fußsohlen ge-legt. Beide Beine durchstrecken ▷ anhok-ken. (Bild 36, rechts)
☐ Gestrecktes Bein (bzw. beide Beine) zum Oberkörper ziehen. (Bild 36, links)

Vordere Rumpf- und Beinmuskulatur

Grundübung 20

Bauchlage, 1 Bein angewinkelt. 4fach ge-legtes Seil an den Enden gefaßt. Seil-schlaufe um den Fußrist gelegt. Aufrichten des Oberkörpers mit vorsichtigem Hoch-ziehen des Beines ▷ Absenken. (Bild 37)

Variation – Beine
☐ Beide Beine in der Schlaufe. Aufrichten zum »Korb« ▷ entspanntes Absenken. (Bild 38)

> Wer Probleme im Lendenwirbelbe-reich hat, sollte auf die Übung ver-zichten.

37

38

Kräftigung

Besonders bei den Kräftigungsübungen eröffnen sich durch die Handhabung des Seiles vielfältige neue Bewegungsmöglichkeiten. Beispielsweise bieten sich hier dynamische wie auch isometrische Übungen an.

Arm- und Schulterbereich

Zur Kräftigung der Arme und des Schultergürtels werden als Abwechslung einige isometrische Übungen vorgestellt. Jede Übung soll unter größter Kraftanspannung etwa 6 Sekunden gehalten werden. Nach kurzem Lockern der jeweiligen Partie wird die Übung noch einmal wiederholt.

39

40

41

Grundübung 21

Leichter Grätschstand. 4faches Seil an beiden Enden in Tiefhalte gefaßt. Handrücken zeigen nach vorne. Mit gestreckten Armen Seil durch Zug nach außen spannen. (Bild 39)

Variation – Arme
☐ Seil hinter dem Rücken spannen. (Bild 40, links)
☐ Seil in Hochhalte spannen. (Bild 40, rechts)

Variation – Hände
☐ Handflächen zeigen nach vorne. (Bild 40, links)

42

43

Grundübung 22

Leichter Grätschstand, Arme in Seithalte, doppelt gelegtes Seil mit beiden Händen gefaßt, so daß die Arme etwa rechtwinklig gebeugt sind. Zug nach seitwärts außen entwickeln, gegen den Widerstand des Seiles. (Bild 41)

Grundübung 23

Langes Seil an beiden Enden gefaßt, Grätschstand auf dem Seil, so daß die abgewinkelten Arme etwa waagrecht sind. Kräftiger Zug der Unterarme nach oben gegen den Widerstand des Seils. (Bild 42)

Variation – Arme

☐ Unterarme zeigen nach vorne.

Grundübung 24

Schrittstellung auf dem langen Seil, das hintere Seilende mit gebeugten Armen beidhändig hinter den Kopf gefaßt. Beide Arme ziehen kräftig gegen den Widerstand des Seiles nach oben. (Bild 43)

Bauchmuskulatur

Die folgenden Kräftigungsübungen für Rumpf- und Beinmuskulatur sind wieder dynamischer Art.

Grundübung 25

Schwebesitz, 4faches Seil an beiden Enden gefaßt. Beine anhocken ▷ strecken über dem Seil ▷ anhocken ▷ strecken unter dem Seil. Beine dazwischen nicht ablegen. (Bild 44)

Variation – Beine

☐ Anhocken ▷ Strecken der Beine, dabei ein Bein über, ein Bein unter dem Seil ▷ Anhocken ▷ Strecken mit Beinwechsel. (Bild 45)

45

46

47

Grundübung 26

Schwebesitz, 4faches Seil liegt auf einem Fuß. Übergeben des Seiles auf den anderen Fuß, ohne daß das Seil auf den Boden fällt. (Bild 46)

Grundübung 27

Strecksitz, Beine etwa hüftbreit auseinander, 4faches Seil liegt auf den Füßen. Durch schnellkräftiges Hochschwingen der Beine Seil hochwerfen und beidhändig fangen ▷ zurück zur Ausgangsposition. (Bild 47)

Variation – Körperlage

☐ Aus der Rückenlage durch schnellkräftiges Aufrichten von Oberkörper und Beinen Seil werfen und beidhändig fangen ▷ zurück in die Ausgangslage.

Grundübung 28

Schwebesitz mit geschlossenen, gestreckten Beinen. Übergeben des 8fachen Seiles unter den angehobenen Beinen ▷ über den Beinen, wobei Oberkörper und Beine fast bis zur Rückenlage abgesenkt werden. (Bild 48)

Variation – Beine

☐ Scheren der Beine, Seilübergabe zwischen den Beinen.

44

48

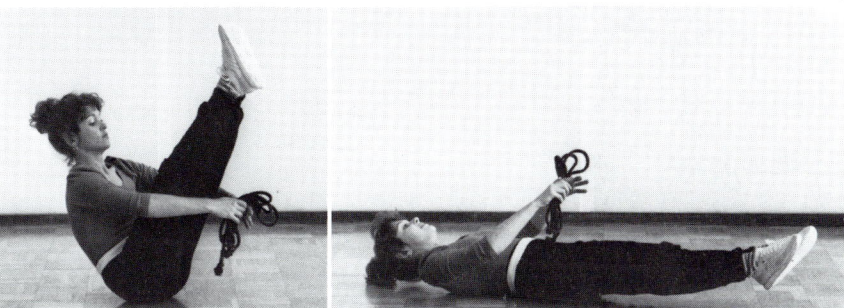

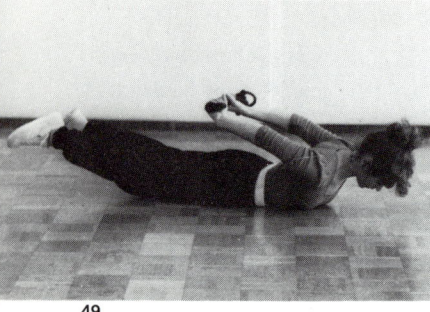

49

Gesamte Rumpfmuskulatur

Grundübung 31

Rückenlage, 8fach zusammengelegtes Seil zwischen die gestreckten Füße geklemmt. Anheben der Beine ▷ über die flüchtige Kerze ▷ die gestreckten Beine hinter Kopf ablegen ▷ über die Kerze zurück zum Strecksitz ▷ Oberkörper vorbeugen. (Bild 52)

Variation – Beine

☐ Gestreckte Beine beschreiben einen großen Kreis. Die Beine sollen bis hinter den Kopf und weit zur Seite geführt werden, wozu das Gesäß angehoben werden muß.

Variation – Seilhaltung

☐ Seil zwischen die Oberschenkel geklemmt. Das Festklemmen des Seiles bedeutet eine zusätzliche Anforderung an die Beinmuskulatur!

50

Grundübung 30

Bauchlage, 4faches Seil in einer Hand, aufgerichteter Oberkörper ist auf einem Arm abgestützt. »Lassoschwingen« mit dem Seil waagrecht über dem Kopf. Armwechsel. (Bild 50)

Variation – Hand

☐ Bei aufgerichtetem Oberkörper Übergabe des schwingenden Seiles von der linken in die rechte Hand, ohne sich dazwischen abzustützen.

Variation – Körper

☐ Körperdrehung von der Bauchlage zur Rückenlage, ohne das Lassoschwingen zu unterbrechen. (Bild 51)

52

51

Rückenmuskulatur

Grundübung 29

Bauchlage, Oberkörper und Beine vom Boden abgehoben. Übergeben des 8fachen Seiles hinter dem Rücken ▷ vor dem Körper, Arme in Vorhalte. (Bild 49)

Gymnastik mit dem Reifen

Dynamische Übungen zur Erwärmung

Grundübung 1

Reifen mit beiden Händen gefaßt. Im Vorwärtslaufen durch den Reifen springen,
rhythmisch mit einem Zwischenschritt (wie
beim Seilhüpfen). (Bild 1)

1

Variation – Raum

☐ Im Rückwärtslaufen durch den Reifen
springen.

☐ Springen durch den Reifen am Ort.

Variation – Beine

☐ Beidbeiniges Hüpfen mit geschlossenen
Beinen. (Bild 2, links)

☐ Beidbeiniges Hüpfen mit betontem Anhocken der Beine. (Bild 2, Mitte)

☐ Einbeiniges Hüpfen. (Bild 2, rechts)

2

Variation – Schwungrichtung

☐ Reifen rückwärts schwingen.

Zur Gewöhnung an das Durchspringen des Reifens kann der Bewegungsablauf zunächst langsam mit
Durchgehen geübt werden. Dann allmählich das Tempo steigern und ins
Springen übergehen! Schrittrhyth-
mus finden.

3

Grundübung 2

Stand, Reifen in der rechten Hand seitlich
neben dem Körper gehalten. Seitliches
Durchspringen des Reifens. Handwechsel.
(Bild 3)

Das Handgelenk muß aktiv eingesetzt
werden!

Variation – Beine

☐ Beidbeiniges Hüpfen durch den Reifen.

☐ Einbeiniges Hüpfen durch den Reifen.

Grundübung 3

Stand, Reifen mit beiden Händen fassen.
Achterschwingen des Reifens neben dem
Körper. (Bild 4)

4

Variation – Beine
□ Schwungunterstützung durch Mitfedern in den Knien.
□ Beidbeiniges Federn zur Schwungunterstützung.

Variation – Hand
□ Reifen in einer Hand.
□ Handwechsel, ohne das Schwingen zu unterbrechen. Jeweils nach einem vollen Achterschwung wird der Reifen übergeben.

Variation – Oberkörper
□ Zunehmendes Mitdrehen des Oberkörpers zur Seite des schwingenden Reifens.

Grundübung 4

Im Stand, Reifen mit einer Hand nach vorne hochwerfen ▷ fangen. (Bild 5)

Der Körper streckt sich dabei hoch zum Abwurf, beim Fangen schwingt der Reifen nach rückwärts hinten durch, der Oberkörper schwingt mit.

5

Variation – Hand
□ Fangen und Werfen mit Handwechsel.

Variation
□ Beim Abwurf Strecksprung. (Bild 6)
□ Abwurf weit nach vorne, so daß der Reifen zum Fangen erlaufen werden muß.

6

□ $^1/_1$ Körperdrehung, während der Reifen in der Luft ist. (Bild 7, rechts)
□ Während der Flugphase des Reifens berühren beide Hände den Boden. (Bild 7, links)
□ Während der Reifen in der Luft ist, kurz auf den Boden setzen.

7

Grundübung 5

Hula-Hoop: Reifen rotiert um die Taille. Können Sie den Reifen schon einige Zeit in einer Drehrichtung halten? Dann versuchen Sie gleich den Reifen in die andere Richtung zu rotieren! (Bild 8)

8

Variation – Hüftbewegung
☐ Halten des Reifens durch betonte Seitbewegung der Hüfte.
☐ Reifen kontrolliert zwischen Hüfte und Taille wandern lassen.

Variation
☐ Während der Reifen rotiert, eine ganze Körperdrehung gegen die Drehrichtung des Reifens ausführen.
☐ Körperdrehung in Drehrichtung des Reifens ausführen.

Haben Sie zwei oder mehr Reifen zur Hand? Versuchen Sie mal Hula-Hoop mit mehreren Reifen. Der Rekord liegt hierfür schon bei weit über zehn Reifen …!

Dehnung

Arm- und Schultermuskulatur

Lockern und Dehnen des Schultergürtels ist außerordentlich wichtig, da durch die gebeugte Haltung bei der Arbeit an Schreibtisch oder Werkbank leicht muskuläre Verspannungen auftreten können. Im Laufe der Jahre kann sich sogar die Muskulatur des vorderen Brust- und Schulterbereiches verkürzen. Durch einen ständig vorverlagerten Schultergürtel kann schließlich auch die freie Atmung beeinträchtigt werden, weil ja das Brustkorbvolumen verkleinert ist.

Grundübung 6

Grätschstand, Arme in Hochhalte, Reifen in frontaler Ebene beidhändig von außen gefaßt, Hände etwa schulterbreit auseinander. Reifen mit gestreckten Armen nach hinten federn. (Bild 9)

9

10

11

Variation – Reifenfassung
☐ Griffbreite der Hände am Reifen vergrößern/verkleinern.
☐ Reifen von innen gefaßt, Handrücken zeigen nach innen. (Bild 10)

Variation – Beine
☐ Ausfallschritt vorwärts. (Bild 10)

Grundübung 7

Grätschstand, den Reifen in Tiefhalte fassen, Griffbreite möglichst weit. In großem

Bogen Reifen mit gestreckten Armen von vorne-unten über oben nach hinten-unten führen. Um das Rückführen des Reifens zu erleichtern, können die Arme auch nacheinander gebeugt werden. (Bild 11)

Variation – Arme
☐ Arme gestreckt lassen.
☐ Griffbreite zunehmend verkleinern.

Grundübung 8

Grätschstand, Arme in Hochhalte, Reifen in frontaler Ebene von außen gefaßt. Mit Beugen beider Arme Reifen möglichst tief hinter den Kopf führen ▷ Arme strecken. (Bild 12)

> Der Reifen darf nicht nach vorne gekippt werden, sonst geht der Übungseffekt verloren!

12

13

14

Variation – Beine
☐ Beim Tiefführen des Reifens Knie beugen ▷ beim Hochführen des Reifens Körper bis zum Ballenstand strecken.
☐ Seitverlagerung rechts beim Tiefführen des Reifens ▷ den Reifen hochführen, Körperstreckung ▷ den Reifen tiefführen mit Seitverlagerung links. (Bild 13)

Grundübung 9

Sitz mit leicht angehockten aufgestellten Beinen, Reifen liegt hinter dem Körper auf dem Boden, Hände fassen auf den Reifen. Mit gestreckten Armen Reifen auf dem Boden nach hinten wegschieben ▷ zurückziehen. (Bild 14)

Variation – Arme
☐ Griffbreite auf dem Reifen zunehmend verringern.

> Je enger die Fassung ist, desto intensiver ist die Dehnung für den Schultergürtel!

Seitliche Rumpfmuskulatur

Grundübung 10

Leichter Grätschstand, Reifen in waagrechter Ebene in Hochhalte gefaßt. Körperverwringung um die Längsachse. (Bild 15)

15

16

Variation – Beine

□ Seitverlagerung links bei Rumpfseitbeuge links ▷ Grätschstand, Reifen in Hochhalte ▷ Seitverlagerung rechts, Rumpfseitbeuge rechts. (Bild 18)
Gestrecktes Bein, Oberkörper, Arme und Reifen bilden eine Linie. Kopf ist in Verlängerung der Wirbelsäule!

17

18

Variation – Beine

□ Kniebeugen bei Verwringung nach links ▷ Beinstreckung in Mittelstellung ▷ Kniebeugen beim Verwringen nach rechts.

Variation – Rumpf

□ Flachrücken, Reifen in gestreckter Vorhalte, Körperverwringung mit dem Reifen (»Lenkbewegung«). (Bild 16)

Grundübung 11

Leichter Grätschstand, Arme in Hochhalte, Reifen von vorne-innen gefaßt, Rumpfseitbeuge links ▷ rechts.
Arme und Reifen knicken nicht nach unten ab. Oberkörper, Kopf, Arme und Reifen sind zu einer Linie gestreckt. (Bild 17)

19

Vordere Rumpfmuskulatur

Grundübung 12

Bauchlage, Arme in Hochhalte, Reifen liegt vor dem Körper, Hände fassen auf den Reifen. Aufrichten des Oberkörpers mit Abstützen der gestreckten Arme auf dem Reifen, Reifen rutscht dabei zum Körper ▷ langsames Absenken des Körpers. (Bild 19)

Vordere Rumpf- und Oberschenkelmuskulatur

Grundübung 13

Bauchlage, rechtes Bein abgewinkelt, Reifen mit rechtem Fußrist und linker Hand waagrecht über dem Körper gehalten. Aufrichten zum Korb ▷ entspannt absenken. (Bild 20)

20

21

22

23

Kräftigung

Die Kräftigungsübungen mit dem Reifen wirken auf den ersten Blick hin recht spielerisch und vielleicht sogar einfach. Aber der Eindruck täuscht – sie können äußerst kraftraubend sein und erfordern darüber hinaus »so ganz nebenbei« doch eine außerordentlich große Geschicklichkeit. Der Spaß daran kommt aber trotzdem nicht zu kurz!

Bauchmuskulatur

Grundübung 16

Schwebesitz, Beine geschlossen, Reifen frontal in Vorhalte beidhändig gefaßt. Beine anhocken ▷ durch den Reifen strecken ▷ anhocken ▷ Beine unterhalb des Reifens strecken. (Bild 25)

Variation – Beine

☐ Beine anhocken ▷ durch den Reifen strecken ▷ anhocken – ▷ grätschen außerhalb des Reifens. (Bild 26, rechts)
☐ Beine anhocken ▷ strecken durch den Reifen ▷ anhocken ▷ strecken seitlich neben

Beinmuskulatur

Grundübung 14

Grätschsitz, Reifen steht senkrecht auf dem Boden etwa auf der Verbindungslinie zwischen den Fußspitzen, Hände fassen den Reifen von außen. Reifen auf dem Boden möglichst weit seitwärts rollen, dazu den Oberkörper seitwärts beugen. (Bild 21)

24

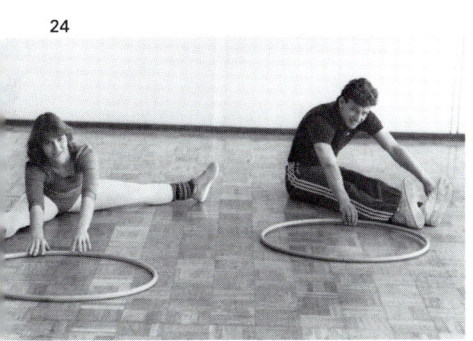

Variation

☐ Stufenweise den Reifen weiter vom Körper wegrollen und dadurch die Rumpfvorbeuge verstärken.
☐ Reifen hinter dem Körper von innen gefaßt, Seitrollen des Reifens durch Rumpfseitbeugen. (Bild 22)

Grundübung 15

Strecksitz, Reifen liegt neben dem Körper auf dem Boden. Reifen auf dem Boden um die gestreckten Beine herumschieben, in allen Richtungen möglichst weit vom Körper entfernt. (Bild 23)

Variation – Füße

☐ Flexion im Sprunggelenk. (Bild 24, rechts)

Variation – Beine

☐ Grätschsitz. (Bild 24, links)

25

26

dem Reifen. Die Arme werden zur Gegenseite geführt. (Bild 26, links)

☐ Abwechselnd linkes und rechtes Bein durch den Reifen strecken. (Bild 26, Mitte)

Grundübung 17

Schwebesitz, Reifen mit beiden Füßen von innen gehalten. Durch Scheren der Beine den Reifen wie ein Lenkrad drehen. Der Reifen bewegt sich dabei nicht zur Seite, nur die Beine drehen den Reifen! (Bild 27)

27

28

29

Variation – Beine und Oberkörper

☐ »Lenkbewegung« nach schräg links und rechts, Arme werden ausgleichend zur Gegenseite geführt.

Variation – Körperlage

☐ Rückenlage, Beine in Hochhalte, Reifen ist in horizontaler Ebene mit den Zehen umklammert. Drehen des Reifens wie oben beschrieben. (Bild 28, rechts)

☐ Lenkbewegung in der Kerze. (Bild 28, links, Mitte)

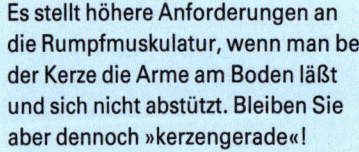

Es stellt höhere Anforderungen an die Rumpfmuskulatur, wenn man bei der Kerze die Arme am Boden läßt und sich nicht abstützt. Bleiben Sie aber dennoch »kerzengerade«!

Grundübung 18

Rückenlage, Arme liegen seitlich vom Körper, Beine in gestreckter Hochhalte, Reifen von innen mit der Fußaußenkante waagrecht halten. Beine gestreckt nach vorne zum Boden absenken, bis der Reifen leicht den Boden berührt, jedoch nicht absetzen ▷ zur Hochhalte zurückführen. (Bild 29) Durch das Festklemmen des Reifens werden gleichzeitig die Beine gekräftigt!

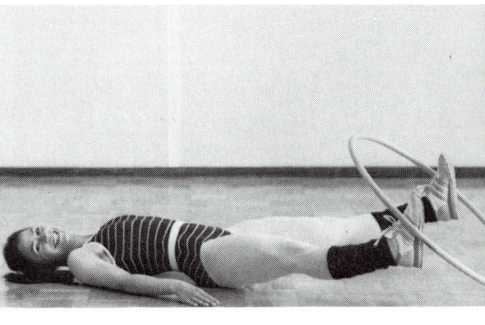

30

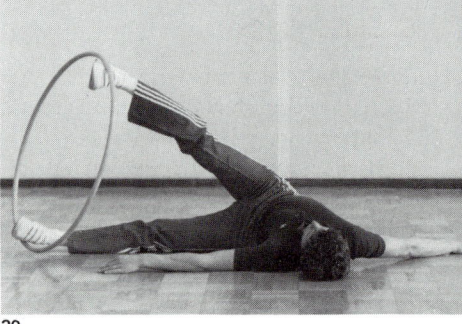

31

Variation – Beine

☐ Gestreckte Beine mit dem Reifen etwa rechtwinklig zur rechten Seite ablegen ▷ zur Hochhalte zurückführen ▷ zur linken Seite ablegen. (Bild 30)

☐ Beine mit dem Reifen über die flüchtige Kerze hinter Kopf führen. Beine hinter dem Kopf knapp über dem Boden halten ▷ zurück in die Rückenlage. (Bild 31)

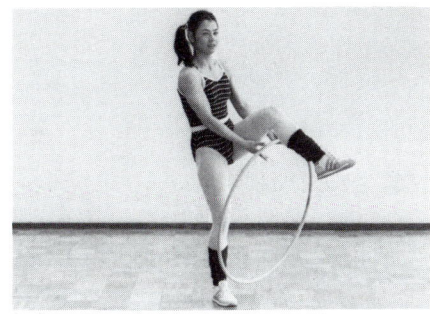

32

35

Grundübung 19

Rückenlage, Beine zum Körper angehockt. Reifen in waagrechter Ebene von Füßen und Händen über dem Körper gehalten ▷ durch gleichzeitige Streckung von Armen und Beinen Reifen in der Waagerechten nach oben drücken ▷ absenken zur Rückenlage. (Bild 32)

> Diese Übung ist nur effektiv für die Bauchmuskulatur, wenn Sie sich auch tatsächlich mit dem Oberkörper aufrichten und der Oberkörper mit den gestreckten Armen eine Linie bildet!

Grundübung 20

Bauchlage, Arme liegen in Hochhalte auf dem Boden, Hände umfassen Reifen. Reifen anheben ▷ absenken mit gestreckten Armen. (Bild 33)

Variation – Arme

☐ Hochgehaltenen Reifen mit gestreckten Armen weit nach links und rechts zur Seite führen, ohne ihn dazwischen abzulegen.
☐ Hochgehaltenen Reifen mit den Fingern um die Querachse drehen.

33

Gesamte Rumpfmuskulatur

Grundübung 21

Bauchlage, Arme in Hochhalte, Reifen bei gestreckten Armen gefaßt. Beine und Oberkörper anheben ▷ Drehung in die Rückenlage ▷ Drehung in die Bauchlage. Reifen soll dabei nie den Boden berühren. (Bild 34)

34

Beinmuskulatur

Grundübung 22

Schlußstellung, Reifen in frontaler Ebene vor dem Körper gehalten. Rechtes Bein gebeugt vor-hoch führen, Reifen unter dem Bein von der rechten in die linke Hand übergeben ▷ Bein absetzen, Reifen in großem Bogen über Kopf von der linken in die rechte Hand übergeben ▷ linkes Bein gebeugt vor-hoch führen ▷ Reifenübergabe unter dem Bein von der rechten in die linke Hand ▷ kreisenden Reifen in die rechte Hand übergeben. Allmähliche Temposteigerung. (Bild 35)

Variation – Richtung

☐ Reifen in umgekehrter Richtung kreisen lassen.

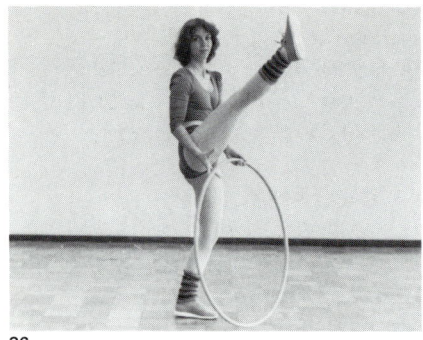

36

37

38

Variation – Beine

☐ Das gestreckte Bein vor-hoch führen. (Bild 36)

Grundübung 23

Leichte Schrittstellung, rechte Hand hält den Reifen frontal, Reifen ruht senkrecht auf dem rechten Fußrist. Gestrecktes rechtes Bein hochführen ▷ tiefführen. Die Beinbewegung soll erschwert werden, indem die Hand der Hochbewegung Widerstand entgegensetzt. (Bild 37)

Variation – Beine

☐ Bein seitwärts hochführen. (Bild 38, rechts)

☐ Bein rück-hoch führen, rechte Hand hält den Reifen, der auf der Ferse des rechten gestreckten Beines ruht. Bewegung mit kleiner Amplitude, aber großem Gegendruck ausführen. (Bild 38, links)

Geschicklichkeitsübungen mit dem rotierenden Reifen

Das Rotieren des Reifens erfolgt zwar ohne sichtbare Körperbewegung, trotzdem erfordert ein ruhiges und kontrolliertes Rotieren Spannung und Bewegungsbereitschaft des ganzen Körpers. Bis die Übungen flüssig und sicher beherrscht werden, bedarf es sicherlich einiger Übung. Aber das ist ja erst der Reiz der Sache!

Rotieren des Reifens mit der Hand

Lernschritte

1. Beginnen Sie mit einem Arm in Vorhalte, Reifen rotiert um die Handfläche, oder besser um die Finger des ausgestreckten Armes. Der Arm bleibt dabei ruhig, denn der Impuls soll ganz aus der Hand und den Fingern kommen. (Bild 39)

2. Versuchen Sie dasselbe mit der linken Hand.

3. Rotieren Sie den Reifen auch in Armseithalte und in Armhochhalte. In der Hochhalte soll der Arm ganz gestreckt sein und der Reifen in waagrechter Ebene rotieren. Wenn dies flüssig läuft und nicht mehr volle Konzentration verlangt, können Sie mit den Übungen beginnen.

Schulung der Körperspannung

Grundübung 24

Schlußstellung, ein Arm in Hochhalte, ein Arm in Seithalte, Reifen wird in Hochhalte waagrecht über dem Kopf rotiert. Heben in

39   40

den Ballenstand unter Wahrung völliger Körperspannung. Mit linker und rechter Hand durchführen. (Bild 40)

Variation – Hand

☐ Nahtloses Übergeben des Reifens von der rechten in die linke Hand, ohne die Rotation zu unterbrechen.

Das geht am einfachsten, wenn sich die freie Hand von unten dicht neben die zweite Hand schiebt und diese »ablöst«!

Variation – Füße

☐ Schnelles, wiederholtes Heben in den Ballenstand, ohne das Gleichgewicht zu verlieren.

> Diese Übung ist gut für die Haltung, kräftigt aber gleichzeitig das Sprunggelenk!

Variation – Beine

☐ Im Wechsel: hoher Ballenstand ▷ tiefgehen zur Hocke.
☐ Stand auf einem Bein.

Dehnung der seitlichen Rumpfmuskulatur

Grundübung 25

Grätschstand, linker Arm in Hochhalte, rechter Arm eingestützt, Reifen rotiert in Hochhalte. Langsame Rumpfseitbeuge nach rechts, Arm zieht in Oberkörperverlängerung und rotiert den Reifen in waagrechter Ebene ▷ aufrichten. Zur Rumpfseitbeuge nach links Reifen in die rechte Hand nehmen. (Bild 41)

41

42

Variation – Hand

☐ Rumpfseitbeuge links, Reifen rotiert in der rechten Hand ▷ aufrichten, fließendes Übergeben des rotierenden Reifens in die linke Hand ▷ Rumpfseitbeuge rechts.

Variation – Beine

☐ Seitverlagerung zur Seite der Seitbeuge. (Bild 42)

Dehnung der gesamten Rumpfmuskulatur

Grundübung 26

Grätschstand, ein Arm in Hochhalte, ein Arm in Seithalte, Reifen rotiert in Hochhalte. Oberkörper vorbeugen ▷ rückbeugen. (Bild 43)

Variation – Rumpf

☐ Rumpfkreisen. Rotierender Reifen beschreibt einen möglichst großen Kreis in waagrechter Ebene über den Kopf. (Bild 44)
☐ Hüftkreisen, Arm in Hochhalte bleibt möglichst ruhig.

43

44

45

Dehnung der vorderen Oberschenkel- und Rumpfmuskulatur

Grundübung 27

Ausfallschritt links vorwärts, den Reifen in Hochhalte rechts rotieren. Vorbeugen ▷ Rückbeugen des Oberkörpers. Arm- und Beinwechsel. (Bild 45)
Beim Rückbeugen wird die gesamte Körperseite vom Oberschenkel des gestreckten Beines bis zur Schulter gedehnt!

Variation – Oberkörper
☐ Ausfallschritt rechts, Reifen rotiert in Hochhalte links, Oberkörperseitbeuge rechts, Arm- und Beinwechsel.

Beherrschen Sie alle Übungen mit kreisenden Reifen perfekt? Dann nehmen Sie einen zweiten Reifen zur Hand.

Übungen mit 2 Reifen

Grundübung 28

Grätschstand, Arme in Seithalte, 2 Reifen rotieren an rechter und linker Hand gleichzeitig vorwärts/rückwärts. (Bild 46)

Variation – Arme

☐ Arme von Schrägtiefhalte zur Schräghochhalte führen.

46

Variation – Reifendrehrichtung

☐ Reifen rotieren wechselsinnig, d.h. ein Reifen dreht vorwärts, ein Reifen dreht rückwärts. (Bild 47)

So spielerisch die Übung auch aussieht – nach kurzer Zeit macht sich der Kräftigungseffekt im Arm- und Schulterbereich bemerkbar! Daneben erfordert vor allem das wechselsinnige Kreisen eine gute Portion Koordination!

Grundübung 29

Stand auf einem Bein, freies Bein vor-hoch angewinkelt. Rotieren des Reifens um den waagrecht gehaltenen Oberschenkel. (Bild 48, links)

Variation – Bein

☐ Freies Bein gestreckt. (Bild 48, rechts)

Probieren Sie es! Es schaut schwerer aus, als es tatsächlich ist. Und wenn der Reifen problemlos um das Bein rotiert, nehmen Sie einen zweiten Reifen und rotieren ihn mit einer Hand in Hochhalte. (Bild 49)

47

48

49

Grundübung 30

Ein Reifen kreist um die Taille (Hula-Hoop), gleichzeitig wird ein zweiter Reifen mit einem Arm in Hochhalte rotiert. (Bild 50)

50

Stretching

Stellt man die Frage, welche Eigenschaften einen guten Sportler auszeichnen, so hört man meistens »schnell«, »ausdauernd«, ja vor allem »kräftig« muß er sein! Kraft gilt bei uns schlechthin als der Inbegriff von Sportlichkeit und guter Kondition, und die Anzahl der Klimmzüge oder auch der Oberarmumfang wird gerne als Maßstab für die sportliche Leistung angesehen.

Diese Vorstellung aber ist irreführend, denn Fitnesstraining mit Krafttraining gleichzusetzen, ist schlichtweg falsch. An dieser weitverbreiteten Vorstellung ist aber erst in den 70er Jahren gerüttelt worden, als die Bedeutung des Ausdauertrainings durch großangelegte Trimm-Kampagnen propagiert wurde. Der Erfolg stellte sich auch prompt ein: Jogging, Radfahren und Schwimmen wurden zu einer Volksbewegung. Das Training von Beweglichkeit aber blieb weiterhin ein Stiefkind beim Trimmen. »Es ist so mühsam und bei Erwachsenen ja doch vergebene Liebesmüh!« Nicht selten wurde es dann in der Gymnastik einfach weggelassen, in der Meinung, es sei doch nicht so wichtig! Dazu kann nur immer wieder betont werden:

Beweglichkeit ist auch im Erwachsenenalter trainierbar!

Sicherlich verliert das Gewebe durch den Altersprozeß an Elastizität, aber ein regelmäßiges Training kann den Rückgang der Dehnfähigkeit entscheidend beeinflussen.

Beweglichkeit ist ein notwendiger Bestandteil der Konditionsschulung!

Freie, runde Bewegungen sind nur möglich, wenn sie nicht durch unelastische Muskulatur eingeschränkt wird. Dehnungsfähige Muskeln sind darüber hinaus auch wesentlich weniger verletzungsanfällig, da sie bei plötzlicher Bewegung nicht sofort reißen. Das haben Untersuchungen eindeutig bestätigt, die an Fußballern nach einem speziellen Dehnungstraining eine wesentlich niedrigere Verletzungsquote festgestellt haben.

Im Leistungssport werden Dehnungsübungen dadurch zunehmend regelmäßiger Bestandteil der Aufwärmarbeit und der Konditionsschulung. Aber erst mit der »Stretching-Welle« nahm das Flexibilitätstraining auch endlich seinen Einzug in den Freizeitsport.

Stretching (to stretch = dehnen) ist eine umfassende Dehnungsgymnastik. Der englische Name ist beibehalten worden, da sich Stretching (im Gegensatz zu »Dehnen«) auf eine bestimmte Dehnungsmethode bezieht.

> Unter Stretching versteht man **aktives, statisches** Dehnen.

Aktiv heißt, das Einnehmen und Halten des Stretches (= Dehnungsposition) geschieht durch eigene Muskelkraft, also ohne Unterstützung durch Partner oder Gerät. Die aktive Haltearbeit kräftigt damit gleichzeitig die muskulären Gegenspieler. Darüber hinaus

hält eine aktiv erworbene Flexibilität erwiesenermaßen länger an.

Bei **statischer** Dehnung wird, im Gegensatz zu dynamischem Federn, die optimale Dehnungsstellung längere Zeit gehalten.

Über die Frage, wie lange der Stretch dauern soll, findet man jedoch Angaben von 6 Sekunden bis zu 1 Minute. Die Zahlen sollen aber nicht verwirren; sie beweisen, daß Dehnen eine ganz individuelle Trainingsform ist, bei der die Haltezeit nur vom Trainierenden selbst gefunden und empfunden werden kann. Viel wichtiger als stures Sekundenzählen ist es, die Dehnung und die wachsende Spannung in der Muskulatur erfühlen zu lernen:

Beim Einnehmen des Stretches nimmt der Widerstand allmählich zu, und noch bevor das Gefühl unangenehm oder sogar schmerzhaft wird, verbleibt man in dieser Position. Aufgrund physiologischer Mechanismen läßt der Zug nach einiger Zeit etwas nach (siehe S. 21). Diese Spannungs- und Entspannungsprozesse sollen erfühlt werden und letztendlich das Kriterium für die Dauer der Dehnung sein. In den meisten Fällen werden 15–20 Sekunden ausreichend sein.

Stretching ist also ein ruhiges Training mit fast meditativem Charakter und ist eher dem Yoga, als der Aerobic-Gymnastik verwandt, mit der es häufig in einem Atemzug genannt wird. Durch die Konzentration auf körpereigene Prozesse wird neben der **Flexibilität** auch das **Körpergefühl** sowie das **Entspannungsvermögen** entscheidend verbessert.

Hinweise zur Durchführung

- Einem Dehnungstraining muß in jedem Fall eine allgemeine **Erwärmung** vorausgehen. Laufen, hüpfen, tanzen Sie 10 Minuten. Beginnen Sie nur, wenn Sie wirklich warm sind! (siehe S. 23)
- Für Anfänger wie auch für Fortgeschrittene gilt: Fangen Sie vorsichtig an und steigern den Stretch erst nach und nach. Eine Zerrung holt man sich nur zu schnell, und es dauert lange, bis sie wieder ausgeheilt ist.
- Halten Sie die Position etwa 15–20 Sekunden und versuchen Sie vor allem die Spannung und Entspannung im gedehnten Muskel zu erfühlen.
- Auf eine **exakte Übungsausführung** ist zu achten. Mit nur geringen Abweichungen werden oft ganz andere Muskeln belastet. Erst wenn die Grundübung beherrscht wird und der Zug auch an der richtigen Stelle zu spüren ist, sollte variiert werden.
- Bei Preßatmung oder Anhalten der Atmung verkrampft der ganze Körper. Nur **ruhiges, tiefes Durchatmen** gewährleistet eine muskuläre Entspannung und damit auch eine optimale Dehnungsfähigkeit.
- Suchen Sie sich zu jeder Körperpartie zunächst 1–2 Übungen aus und lernen Sie, diese wirklich präzise auszuführen. Weniger ist in diesem Fall mehr!
- Die Übungen sollen etwa 2–3mal wiederholt werden, wobei man sich jedesmal ein Stückchen weiter vortasten kann.
- Arbeiten Sie auf diese Art systematisch den ganzen Körper durch.
- Passen Sie die Übungen Ihrem Leistungsfortschritt an. Wenn Sie die Grundübungen beherrschen, gehen

Sie auf die schwierigeren Variationen über.
- Jeder hat seine individuelle Grenze, und Stretching darf niemals als Wettkampf aufgefaßt werden. Erfolg läßt sich beim Dehnen niemals durch Gewalt oder besondere Willenskraft erreichen, sondern nur durch **regelmäßiges Training.**

Zu jeder Übung werden die Muskeln angegeben, die vorrangig durch den Stretch gedehnt werden. Eine Übersicht über die Lage der Muskeln gibt das Muskelprofil auf Seite 16/17.

Stretching ist also eine eigenständige Trainingsform mit ganz spezieller Zielsetzung. Ausgewählte Übungen zur Schulung von Flexibilität und Entspannung können aber genauso in die anderen Trainingsformen integriert werden. So können z. B. 10 Minuten innerhalb einer Aerobic-Gymnastik rein dem ruhigen Dehnen gewidmet sein. Weitere Anregungen zum Kombinieren finden sich auf Seite 125.
In Verbindung mit anderen Trainingsinhalten muß lediglich darauf geachtet werden, daß die Muskulatur nicht schon vorher ermüdet ist. Die Qualität des Nerven-Muskel-Zusammenspiels läßt nach, und die Elastizität eines ermüdeten und übersäuerten Muskels ist entscheidend verschlechtert. Die Trainingseffektivität ist dann herabgesetzt und die Verletzungsgefahr erhöht.

Musik

Die Wirkung von Musik auf den Menschen ist unbestritten. Es ist erwiesen, daß ruhige Musik sich beruhigend auf den Muskeltonus auswirken kann. Diese Tatsache kann man sich zunutze machen, und mit ruhiger Musik den meditativen Charakter von

Stretching unterstreichen und auch die körperliche Entspannung unterstützen. Es empfehlen sich Instrumentalversionen ohne große Tonhöhenunterschiede und Umfangsänderungen. Ein konzentriertes Training wird dadurch leichter, da die Musik völlig von störenden Außenreizen abschirmen kann.

Arm- und Schultermuskulatur

Grundübung 1

Leichter Grätschstand, rechter Arm in Hochhalte, im Ellbogen abgewinkelt. Linke Hand umfaßt rechtes Handgelenk hinter dem Kopf und zieht den rechten Arm nach seitlich unten. Die Dehnung halten, danach Armwechsel. (Bild 1)

Dehnung: Breiter Rückenmuskel (Latissimus), Armstrecker (Triceps), Rautenmuskel.

1

2

Variation

□ Seitbeuge in Zugrichtung, die Dehnung des breiten Rückenmuskels wird dadurch verstärkt. (Bild 2)
□ Rechter Arm in Hochhalte gestreckt, der Zug erfolgt nach schräg oben. (Bild 2, links)

Grundübung 2

Leichte Schrittstellung, rechter Arm in Hochhalte, im Ellbogengelenk nach hinten

abgewinkelt, linke Hand drückt den rechten Ellbogen nach hinten. Der rechte Arm bleibt dabei nahe am Kopf. Dehnung halten, Armwechsel. (Bild 3)

Dehnung: Armstrecker (Triceps), Deltamuskel, großer Rundmuskel, breiter Rückenmuskel.

Variation

□ Die Finger beider Hände umfassen sich hinter dem Rücken, die Dehnung durch einen Zug nach unten verstärken. (Bild 4)

Grundübung 3

Stand, Arme in gestreckter Seithalte, an einem Türrahmen eingehalten, Handflächen zeigen nach vorne. Gewichtsverlagerung durch einen Schritt nach vorne, bis im Bereich der Brustmuskulatur ein leichter Zug zu spüren ist. (Bild 5)

Dehnung: Großer Brustmuskel, Deltamuskel.

5

Variation

□ Unterschiedliches Ansetzen der Arme von Schräghoch- bis Schrägtiefhalte. Dabei werden verschiedene Teile der Brustmuskulatur trainiert.
□ Mit einer vorsichtigen Körperdrehung wird die Dehnung auf einer Seite intensiviert. (Bild 6)

3

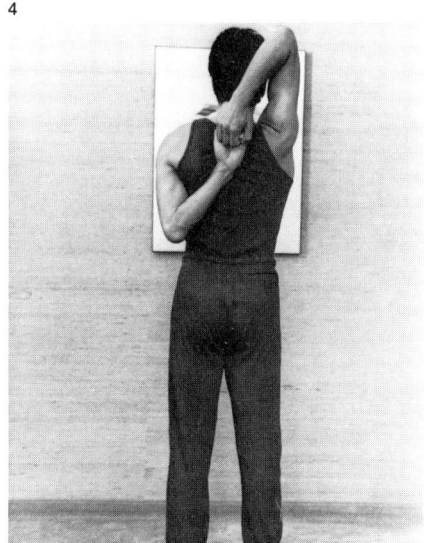

4

6

7

9

10

Grundübung 4

Leichter Grätschstand, Arme in Tiefhalte, Flechtgriff der Hände hinter dem Rücken. Arme so weit wie möglich nach rückwärtsaufwärts führen und dort halten. Die Ellbogen sind dabei völlig durchgestreckt, der Kopf zurückgenommen und der Brustkorb wölbt sich nach vorne. (Bild 7)

8

Dehnung: Großer Brustmuskel, Deltamuskel, zweiköpfiger Armmuskel (Biceps).

Variation

☐ Rumpfvorbeuge, Hände im Flechtgriff, die gestreckten Arme ziehen nach vorneunten. (Bild 8)

Grundübung 5

Grätschstand, Oberkörper waagrecht, Arme in der Hochhalte gegen eine Wand abgestützt. Bei gestreckten Armen Schultergürtel langsam nach unten schieben. Dehnungsstellung beibehalten. (Bild 9)

Dehnung: Großer Brustmuskel, großer Rundmuskel, breiter Rückenmuskel, Rautenmuskel.

Variation

☐ Durch leichtes Kniebeugen kann der Dehnungseffekt erhöht werden. (Bild 10)

☐ Durch veränderte Abstände zwischen den Händen werden unterschiedliche Anteile der Brust- und Schultermuskulatur trainiert.

Je tiefer die Rumpfbeuge ausgeführt wird, desto mehr werden gleichzeitig die hintere Oberschenkel- und Gesäßmuskulatur in die Dehnung miteinbezogen.

Grundübung 6

Kniestand, Hände setzen bei gestreckten Armen möglichst weit vor dem Körper auf, die Oberschenkel stehen etwa senkrecht.

11

12

13

16

Schultergürtel und Brustkorb ziehen langsam nach unten und verbleiben in der Stretchposition. (Bild 11)

Dehnung: Großer Brustmuskel, Deltamuskel, breiter Rückenmuskel, großer Rundmuskel, Rautenmuskel.

Variation

☐ Der Stretchreiz kann erhöht werden, wenn die Hände nur mit den Fingerspitzen aufsetzen, so daß der Schultergürtel in eine tiefere Bogenspannung gebracht werden kann. (Bild 12, links)
☐ Rechte Hand faßt die linke Hand, durch zusätzliche leichte Körperdrehung nach rechts erhöht sich der Dehnungsreiz auf der linken Seite. Handwechsel. (Bild 12, Mitte)
☐ Linken Arm gestreckt zur Seite aufsetzen, auf rechtem gebeugtem Arm abstützen. Linke Schulter zieht nach unten. Die Dehnung erfolgt hier nur einseitig, kann aber intensiver ausgeführt werden. Armwechsel. (Bild 12, rechts)

Grundübung 7

Sitz, Beine leicht angewinkelt aufgestellt, Hände etwa in Schulterbreite hinter dem Körper aufgesetzt, Finger zeigen vom Kör-

per weg, Arme sind gestreckt. Gesäß langsam fußwärts schieben, so daß die Dehnungsspannung im vorderen Schulterbereich und an den Oberarmen zu spüren ist. Dort mindestens 15 Sekunden aushalten. (Bild 13)

Dehnung: Großer Brustmuskel, Deltamuskel, zweiköpfiger Armmuskel (Biceps).

Unterarmmuskulatur

Grundübung 8

Bankstellung, die Handflächen sind so aufgesetzt, daß die Fingerspitzen zu den Knien zeigen. Körpergewicht langsam nach hinten verlagern, bis ein Zug an der Vorderseite der Unterarme zu spüren ist, die Handballen behalten Bodenkontakt. (Bild 14)

Dehnung: Radialer und ulnarer Handbeugemuskel, langer Hohlhandmuskel.

Variation

☐ Bei hohem »Katzenbuckel« (Schultern hochdrücken und Kopf zwischen die Arme ziehen) erhöht sich der Stretchreiz. (Bild 15)

Hals- und Nackenmuskulatur

Grundübung 9

Kopf mit Blick nach vorne zur Seite neigen. Schultern bleiben gerade und betont entspannt. Die Seitneigung des Kopfes vor-

14

15

sichtig mit einer Hand unterstützen, bis eine Spannung an der seitlichen Halsmuskulatur fühlbar ist, und dort verbleiben. (Bild 16, auf S. 101)

Dehnung: Kappenmuskel, dorsaler Kopfwender, Riemenmuskel, Schulterblattheber.

Variation

☐ Der Stretch wird stärker, wenn man zusätzlich die Schultern betont nach unten zieht.

> Die Dehnung von Hals- und Nackenmuskulatur wirkt vorbeugend gegen Verspannungen in dieser Region, die z. B. oft durch Schreibtischarbeit hervorgerufen werden. Auch ist eine frei bewegliche Hals- und Schultermuskulatur für eine gute Haltung unerläßlich!

17

Grundübung 10

Arme in Nackenhalte. Mit unterstützendem Druck der Hände Kopf und Schultergürtel nach vorne führen bis das Kinn die Brust berührt. Diese Neigung beibehalten und die gedehnte Nackenpartie bewußt entspannen. (Bild 17)

Dehnung: Riemenmuskel, Langmuskel des Rückens (oberer Anteil), Kappenmuskel, Schulterblattheber.

Seitliche Rumpfmuskulatur

Grundübung 11

Grätschstand, ein Arm eingestützt, anderer Arm in Hochhalte. Oberkörper langsam zur Seite beugen, der gestreckte Arm zieht in Verlängerung des Rumpfes. (Bild 18) Der Oberkörper muß hierbei völlig frontal bleiben. Eine Kontrolle dafür ist, wenn der

18

19

20

gestreckte Arm neben oder sogar hinter dem Kopf schräg-seitswärts zieht! Der Kopf knickt im Halswirbelbereich nicht ab, sondern zieht mit in Dehnungsrichtung in Verlängerung der Wirbelsäule!

Dehnung: Äußere und innere schräge Bauchmuskulatur, breiter Rückenmuskel.

Variation

☐ Seitverlagerung auf die Seite der Oberkörperseitbeuge. (Bild 19, links)
☐ Beide Ellbogen hinter dem Kopf verschränken. (Bild 19, rechts)

Grundübung 12

Kniestand, linkes Bein gestreckt seitlich ausgestellt, rechte Hand stützt seitlich am

Schreibtisch

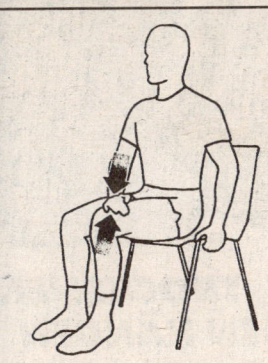

Kräftigung des Bauchbereichs: Setzen Sie sich aufrecht hin. Mit der rechten Hand zum linken Knie greifen. Das Bein Richtung gegenüberliegender Schulter ziehen. Die Hand hält dagegen. Die Aufrechte Körperhaltung beibehalten, Nackenbereich bleibt entspannt. Dann Seite wechseln.

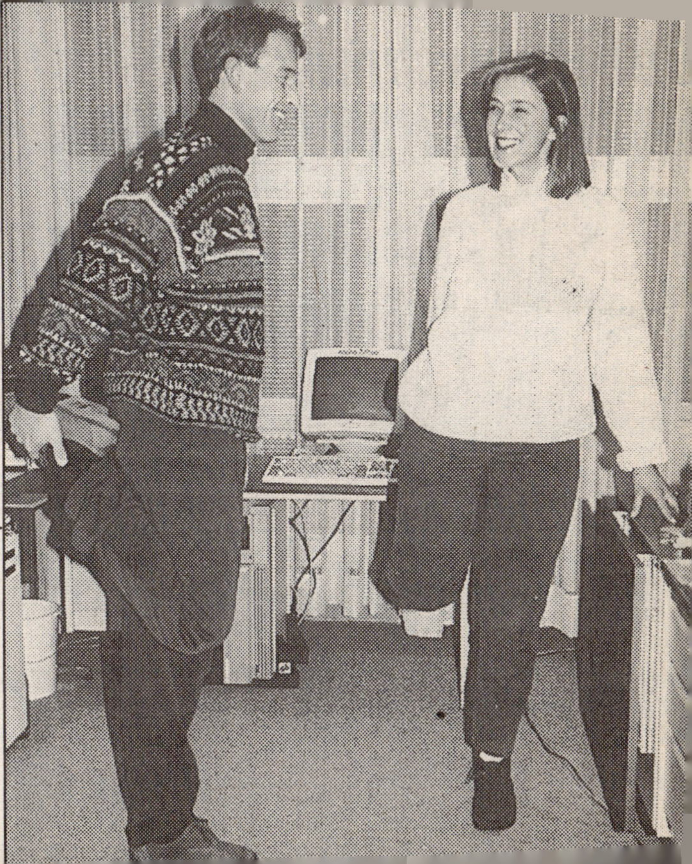

...wegungsprogramme in Betrieben durchführt und auch ...nser Tennis-As Alexander ...ntonitsch in Schwung hält. ...Mag. Pratscher hat eine Broschüre für Ausgleichsgymnastik im Büro herausgebracht ...nd organisiert Seminare für ...Manager und Betriebe.

Bestellung der Broschüre ...nd Kurs-Info: 02672/5166

Dehnen oberer Oberschenkel: Einbeiniger Stand, beide Hände greifen zum Sprunggelenk. Knie nach hinten innen bewegen. Ferse Richtung Gesäß ziehen. Becken nach vorne drücken. Bei Gleichgewichtsproblemen mit einer Hand am Tisch abstützen.

ei Halsschmerzen:

Dobendan®
Lutschpastillen

Boden ab. Linker Arm zieht gestreckt nach schräg oben bis die gesamte seitliche Rumpfmuskulatur in Streckung ist. Die Hüfte wird dabei nach vorne geschoben bis gestrecktes Bein, Rumpf und Arm eine Linie bilden. Kopf in den Nacken nehmen. In der Streckung verharren, Wechsel der Seite. (Bild 20)

Dehnung: Äußere und innere schräge Bauchmuskulatur, gerade Bauchmuskulatur, breiter Rückenmuskel.

Grundübung 13

An einer Stange hängen mit beiden Armen. (Bild 21)

> Eine Möglichkeit zum »Hängen« findet sich nicht nur in der Turnhalle an Reck oder Ringen. Versuchen Sie es einmal an einer Teppichstange, Türstock oder ähnlichem in Reichhöhe.

21

22

Dehnung: Die gesamte Rumpfmuskulatur und Wirbelsäule wird wohltuend entlastet und gestreckt.

Variation

☐ Ist die Reckstange oder ähnliches gut in Reichhöhe und man steht mit beiden Füßen auf dem Boden, den Körper in eine seitliche Bogenspannung schieben, wobei der Rumpf frontal bleibt. (Bild 22)
☐ Langsames Rumpfkreisen (Füße bleiben auf dem Boden).

Rückenmuskulatur

Grundübung 14

Leichter Grätschstand, Arme in Nackenhalte. Oberkörper rollt langsam nach vorne unten, indem die Wirbelsäule zunächst im Hals-, dann im Brustwirbelbereich ge-

krümmt wird, Kinn zur Brust nehmen. Die allmählich entstehende Spannung im oberen Rückenbereich wird durch den Zug der Arme verstärkt. (Bild 23)

Dehnung: Tiefe Rückenstreckmuskulatur (Langmuskel, Darmbein-Rippenmuskel), Kappenmuskel, dorsaler Kopfwender, Riemenmuskel.

Variation

☐ Durch eine Beugung in den Knien wird die Rundung des Rückens und damit die Dehnung der Rückenmuskulatur verstärkt. (Bild 24)

23  24

Grundübung 15

Sitz mit angewinkelten, hüftbreit aufgestellten Beinen, Hände fassen Fußgelenke von außen. Kopf zieht zwischen den Beinen nach vorne unten, bis der Stretch längs der Wirbelsäule zu spüren ist. (Bild 25)

Dehnung: Tiefe Rückenmuskulatur (Langmuskel, Darmbein-Rippenmuskel), Kappenmuskel, dorsaler Kopfwender, Riemenmuskel.

Variation

☐ Fußflächen zueinander, Hände umfassen die Fußspitzen, Knie zum Boden drücken und den Oberkörper nach vorne beugen. Je weiter die Fersen zum Körper gezogen werden, desto mehr erfahren auch die Adduktoren (Oberschenkelinnenseite) eine Dehnung. (Bild 26)

25

26

27

28

Grundübung 16

Rückenlage, angewinkelte Knie ruhen auf der Stirn. 20–30 Sekunden verbleiben und bewußt den ganzen Körper entspannen. (Bild 27)

Dehnung: Tiefe Rückenstreckmuskulatur, viereckiger Lendenmuskel.

Variation

☐ Knie werden neben den Ohren abgelegt. (Bild 28, links)
☐ Werden die Beine durchgestreckt, erfährt gleichzeitig die hintere Beinmuskulatur eine Dehnung. (Bild 28, rechts)

Vordere Rumpf- und Oberschenkelmuskulatur

Grundübung 17

Bauchlage, Kopf zurück in den Nacken nehmen, gestreckte Arme wandern langsam zum Körper, bis eine Bogenspannung entsteht. (Bild 29)

Den Kopf jedoch nicht zu weit nach hinten »abknicken«, da sonst die Atemwege und damit die freie Atmung behindert werden. Auch ist bei Schäden an der Wirbelsäule von dieser Übung abzuraten.

29

Dehnung: Gerade und schräge Bauchmuskulatur.

Variation

☐ Arme stehen senkrecht und das Körpergewicht ist darauf abgestützt. Wegen der verstärkten Überstreckung in der Hüfte werden die Hüftbeuger (Lenden-Darmbein-Muskel, gerader Schenkelmuskel) mitgedehnt.

Grundübung 18

Fersensitz, Beine etwa hüftbreit, Hände umfassen die Fußknöchel. Hüfte wird nach vorne zum Kniestand angehoben, bis sich

Zug an Bauch und Oberschenkelvorderseite einstellt. Kopf zurücknehmen und 10 Sekunden halten. (Bild 30)

Dehnung: Gerade Bauchmuskulatur, gerader Schenkelmuskel, Lenden-Darmbein-Muskel, Schenkelbindenspanner.

Grundübung 19

Sitz auf etwa 20 cm hohem Kastenteil, Schemel o. ä. Zurücklegen in die Rückenlage, Arm in Hochhalte ablegen, völlig entspannen. (Bild 31)

Dehnung: Gerade Bauchmuskulatur, Lenden-Darmbein-Muskel, gerader Schenkelmuskel, Schenkelbindenspanner.

Variation

☐ Der Stretch ist an der Auflagekante am größten, daher mit der Wirbelsäule entlang-»wandern« und so alle Bereiche durcharbeiten.

30

31

32

Grundübung 20

Brücke. (Bild 32)
Besonders für Fortgeschrittene, die schon eine überdurchschnittliche Beweglichkeit erreicht haben, ist die Brücke eine hervorragende Dehnung der gesamten vorderen Bein-, Rumpf- und Schultermuskulatur. Anfänger brauchen aber nicht verzweifeln, wenn es nicht gleich klappt.

Vordere Oberschenkelmuskulatur

Grundübung 21

Weiter Ausfallschritt vorwärts, Hände am vorderen gebeugten Bein abgestützt. Indem der Körper nach unten schiebt, wird die Spreizung vergrößert und der vordere Oberschenkelmuskel des gestreckten Beines gedehnt. (Bild 33)

Dehnung: Gerader Schenkelmuskel, Lenden-Darmbein-Muskel, Schenkelbindenspanner.

Variation

☐ Durch Aufrichten bzw. Rückbeugen des Oberkörpers wird der Stretch intensiviert. (Bild 34)

33

34

Hintere Bein- und Gesäßmuskulatur

Grundübung 22

Leichter Grätschstand, Oberkörpervorbeuge, Hände umfassen die Knie oder die Waden. Mit Hilfe der Hände wird der Oberkörper zu den Beinen gezogen. Bei völlig durchgestreckten Knien ist der Stretch an Gesäß, hinterem Oberschenkel und Unterschenkel fühlbar. (Bild 35)
Zur Dehnung der hinteren Beinmuskulatur muß das Vorbeugen betont aus dem Lendenwirbelbereich erfolgen, während Wirbelsäule und Kopf gerade bleiben. Damit unterscheidet sich diese Übung von der Dehnung der Rückenstrecker (Grundübung 14).

35

Dehnung: Großer Gesäßmuskel, zweiköpfiger Schenkelmuskel, Halbsehnenmuskel, Plattsehnenmuskel.

Variation

☐ Beine parallel geschlossen. (Bild 36, links)
☐ Gestreckte Beine überkreuzt, der Stretch wird dadurch einseitig verstärkt. Wechsel der Beinstellung. (Bild 36, Mitte)
☐ Beine parallel geschlossen. Wechselseitiges Beugen der Beine, wobei beide Fersen am Boden bleiben. Die Dehnung wird auch hierbei einseitig verstärkt. (Bild 36, rechts)

36

37

38

Grundübung 23

Kniestand, ein Bein nach vorne durchgestreckt, Oberschenkel des gebeugten Beines steht etwa senkrecht. Mit geradem Rücken Oberkörpervorbeuge, bis eine Spannung an der Hinterseite des Oberschenkels entsteht. Auf beiden Seiten durchführen. (Bild 37)

Dehnung: Großer Gesäßmuskel, zweiköpfiger Schenkelmuskel, Plattsehnenmuskel, Halbsehnenmuskel.

Variation

☐ Erschwert ist die Übung, wenn der Winkel im Schritt vergrößert wird. (Bild 38)
☐ Eine Flexion im Sprunggelenk bezieht die hintere Wadenmuskulatur in den Stretch mit ein.

Grundübung 24

Im Stand ein Bein gestreckt vor-hoch auf eine etwa hüfthohe Anlage legen (Tisch, Sprossenwand, o.ä.). Wählen Sie die Höhe so, daß noch beide Beine im Knie völlig gestreckt sein können. Erst dann den Rumpf langsam nach vorne beugen und etwa 15 Sekunden in der Beugestellung verbleiben. (Bild 39)

Dehnung: Großer Gesäßmuskel, zweiköpfiger Schenkelmuskel, Plattsehnenmuskel, Halbsehnenmuskel.

Variation

☐ Eine Flexion im Fußgelenk bezieht die Unterschenkelrückseite in den Stretch mit ein.
☐ Je höher die Auflage, desto schwerer wird die Übung. Eine Sprossenwand eignet sich am besten, um sich stufenweise hochzuarbeiten.

39

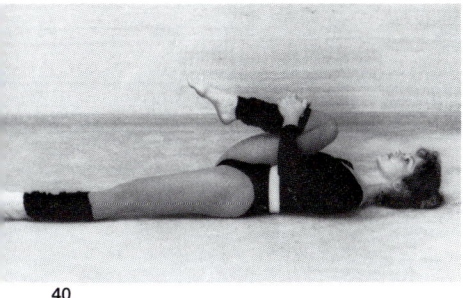

40

41

42

43

Innere Oberschenkel-muskulatur

Grundübung 27

Stand seitlich zu einer Auflagenfläche in Hüfthöhe (Tisch, Sprossenwand o.ä.), ein Bein seitwärts aufgelegt. Langsame Oberkörperseitbeuge zum aufgelegten Bein. Der Oberkörper darf nicht durch eine Drehung ausweichen, sondern bleibt frontal. (Bild 44)

Dehnung: Großer, langer und kurzer Schenkelanzieher, schlanker Muskel, Kamm-Muskel (Adduktorengruppe).

Grundübung 28

Weiter Grätschstand, Füße stehen parallel zueinander, Zehenspitzen zeigen nach vor-

44

45

Grundübung 25

Rückenlage, ein Bein vor-hoch angehockt. Beide Hände umfassen das Schienbein und ziehen das Bein hoch zum Brustkorb. (Bild 40)

Dehnung: Großer Gesäßmuskel.

Variation

☐ Angewinkeltes Bein am Knöchel umfassen und mit einer zusätzlichen Auswärtsdrehung im Hüftgelenk nach oben ziehen. So wird der kleine und mittlere Gesäßmuskel sowie der Schenkelbindenspanner mitgedehnt. (Bild 41, vorne)
☐ Streckung des Beines, Hände fassen den Unterschenkel und ziehen das Bein zum Körper. (Bild 41, hinten)
☐ Erfolgt im gestreckt hochgehaltenen Bein noch eine Flexion im Sprunggelenk, wird auch die Wadenmuskulatur gedehnt. (Bild 41, hinten)

Grundübung 26

Rückenlage, rechtes angewinkeltes Bein über das gestreckte Bein zur Seite legen. Zur Unterstützung zieht die linke Hand das rechte Knie zum Boden, bis ein Zug am rechten Oberschenkel und Gesäß fühlbar ist. Beinwechsel. (Bild 42)

> Wirken Sie der Bewegung im Rumpf entgegen und achten Sie darauf, daß beide Schultern in Bodenberührung bleiben.

Dehnung: Kleiner und mittlerer Gesäßmuskel.

Variation

☐ Rechtes Bein gestreckt hochführen und über das linke Bein ablegen, so daß es etwa im rechten Winkel zum Körper liegt. (Bild 43)

ne. Möglichst tiefer Seitausfallschritt, bis Zug an der Oberschenkelinnenseite des gestreckten Beines zu spüren ist. In dieser Stellung verbleiben. Zur Erleichterung kann man sich am gebeugten Bein abstützen. (Bild 45)

Dehnung: Adduktorengruppe.

Variation

☐ Wird das gestreckte Bein im Hüftgelenk ausgedreht, d. h. die Fußspitze zeigt nun nach oben, so wird die Oberschenkelrückseite mitgedehnt. Das Gesäß wird hier möglichst tief »abgesetzt«. (Bild 46)

46

47

Grundübung 29

Rückenlage, Beine aus der Hochhalte grätschen. Die Hände fassen an der Innenseite der Oberschenkel und verstärken den schon durch die Schwerkraft hervorgerufenen Zug an der Oberschenkelinnenseite. (Bild 47)

Dehnung: Adduktorengruppe.

Variation

☐ Hände fassen von der Beininnenseite die Waden oder Fußgelenke. Mit Hilfe der Hände werden die gestreckten Beine hoch zum Oberkörper gezogen und gleichzeitig gegrätscht. (Bild 48)

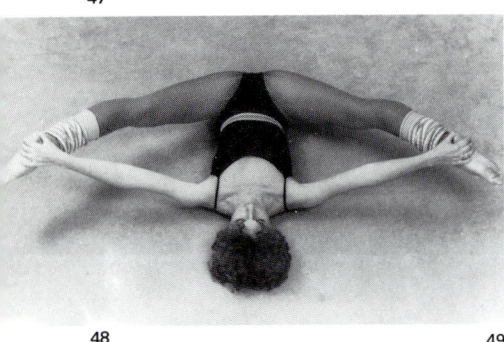

48   49

Grundübung 30

Weiter Grätschstand, Oberkörper vorgebeugt, Hände vor dem Körper aufgestützt. Beingrätsche vergrößern, bis der Spannungsreiz an den Oberschenkelinnenseiten spürbar ist. (Bild 49)

Dehnung: Adduktorengruppe.

50

Grundübung 31

Grätschsitz, Beine weit gegrätscht, Rumpfbeuge vorwärts, Arme reichen so weit wie möglich nach vorne. (Bild 50)
Um den Trainingsschwerpunkt auch wirklich auf die Adduktoren und die hintere Beinmuskulatur zu setzen, muß die Dehnung bewußt aus dem Lendenbereich mit geradem Rücken sowie gestreckten, ausgedrehten Beinen erfolgen.

Dehnung: Adduktorengruppe, zweiköpfiger Schenkelmuskel, Plattensehnenmuskel, Halbsehnenmuskel.

Hintere Unterschenkelmuskulatur

Grundübung 32

Schlußstellung, Zehen stehen auf etwa 5–8 cm hoher Unterlage (Bücher, Türschwelle, Matten usw.) Geraden Körper langsam nach vorne lehnen, bis sich eine Spannung in der Wadenmuskulatur einstellt. (Bild 51)

51

Dehnung: Zwillingswadenmuskel, Schollenmuskel, Wadenbeinmuskel und die Achillessehne. Dieser Muskelgruppe kommt eine große Bedeutung für die Sprungkraft zu.

Variation

☐ Beugen der Knie. (Bild 52)

52

53

Grundübung 33

Schlußstellung etwa 1,5 m von der Wand entfernt, Hände an der Wand abgestützt. Die Hüfte langsam zur Körperstreckung nach vorne schieben und gleichzeitig Fersen aktiv zu Boden drücken, so daß der Stretch an der Unterschenkelrückseite fühlbar ist. (Bild 53)

Dehnung: Zwillingswadenmuskel, Schollenmuskel, Wadenbeinmuskel und die Achillessehne.

Variation

☐ Schrittstellung, Ferse des gestreckten hinteren Beines drückt zum Boden. Beinwechsel.
☐ Parallele Beinstellung, Beugen beider Knie, Fersen bleiben am Boden.

Vordere Unterschenkel- und Fußmuskulatur

Grundübung 34

Schlußstellung, Hände gegen die Wand abgestützt. Rechter Fuß kreuzt vor dem linken Fuß und liegt mit dem Fußrist auf dem Boden auf. Mit einer Standbeinbeugung drückt das linke Schienbein zwischen Ferse und Unterschenkel des rechten Beines nach unten und überstreckt den rechten Fuß. Wechsel des Fußes. (Bild 54)

> Kontrollieren Sie, daß Fußrist und Schienbein eine Linie bilden, der Fuß also nicht seitlich abknickt. Es sollen **nicht** die Außenbänder gedehnt werden!

Dehnung: Vorderer Schienbeinmuskel, langer Zehenstrecker, langer Großzehenstrecker.

54

Gymnastik mit Gewichten

Ein neuer Einfall auf dem Gebiet der Gymnastik sind die leichten Hanteln und Gewichtsmanschetten. Krafttraining mit großen Scheibenhanteln und anderen Geräten gibt es schon lange und besonders in letzter Zeit hat es unter dem Namen Body-Building bei Männern wie auch bei Frauen zunehmend Verbreitung gefunden. Die Gymnastik mit den 1–3-kg-Gewichten hat jedoch mit diesem Krafttraining an den verschiedenen Kraftmaschinen nicht viel zu tun. Das reine Body-Building arbeitet im Sinne der Maximalkraftmethode mit extrem hoher Gewichtsbelastung, da dadurch der größte meßbare und sichtbare Kraftzuwachs erzielt wird. Keine Angst –, muskelbepackte Miss oder Mister Universum heranzubilden, ist nicht das Ziel einer Fitnessgymnastik. Muskelkräftigung ist gut und notwendig, muß aber immer vor dem Hintergrund einer gleichmäßigen Körperschulung gesehen werden.

Und genau dies ist der Gedanke der neuen Hantelgymnastik. Gezielte Muskelkräftigung soll in ein schwungvolles, gymnastisches Konzept eingebettet werden, das daneben noch eine hochgradige Ausdauerschulung darstellt. Die Möglichkeiten, die in den kleinen Gewichten stecken, sind wirklich erstaunlich:

☐ Da die Gewichte vergleichsweise leicht sind, sind fast alle bekannten Bewegungsformen mit Ihnen möglich.

☐ Trotz der relativ geringen Zusatzbelastung erhöht sich der Kräftigungsanteil durch eine angemessene Wiederholungszahl einer Übung beträchtlich.

☐ Dennoch bleibt es weiterhin ein Training von **Kraftausdauer**. Es kommt daher auch nicht zu unerwünscht aufgeblähten Muskeln, sondern zu einer Straffung des Gewebes.

☐ Die vielen großräumigen Bewegungen erzielen nicht nur eine isolierte Muskelkräftigung, sondern sind gleichzeitig auch ein gutes **Herz-Kreislauf-Training**.

☐ Durch die Wahl des Gewichts kann die Belastung je nach Leistungsniveau gesteigert werden.

☐ Die gymnastischen Übungen bleiben aber dennoch dynamisch und leicht genug, um im Rhythmus der Musik ausgeführt werden zu können.

Schließlich soll Ihr Fitnesstraining doch auch Spaß machen und nicht zu einer masochistischen Quälerei ausarten!

Hinweise zum Training

Kraft und **Ausdauer** sind also die Faktoren, auf denen der Schwerpunkt der Hantelgymnastik liegt. Welche Komponente jeweils überwiegt, kann durch die Wahl des Gewichtes beeinflußt werden. **Schwere Gewichte** erfordern eine größere Muskelkraft, die Übung kann daher nicht so oft wiederholt werden und es müssen kurze Erholungspausen eingelegt werden. Die Schulung der Kraft steht damit im Vordergrund.

Benutzt man **leichte Gewichte,** bedeutet dies eine niedrigere Belastung für eine einzelne Muskelgruppe, die Übungswiederholung liegt jedoch höher. Dabei werden verstärkt sauerstoffliefernde Prozesse zur Leistung herangezogen und somit Herz und Kreislauf mittrainiert.

Das Einschätzen der Gewichte als »leicht« und »schwer« ist jedoch relativ und in jedem Fall vom Trainingszustand des einzelnen abhängig. Für einen 80 kg schweren, durchtrainierten Sportler bedeutet 1 kg keine hohe Belastung, während dasselbe für einen untrainierten Anfänger schon sehr hoch gegriffen sein kann. Auf jeden Fall ist es ratsam, zunächst eher mit leichten Gewichten zu beginnen. Überschätzen Sie sich nicht, nach einigen Übungen werden die Hanteln schwerer als Sie denken!

Stundenaufbau

Phasenaufbau	Trainingsinhalt
Erwärmung (10 Min.)	Anfänger: Gehen, Laufen, Hüpfen ohne Gewichte Fortgeschrittene: Gehen, Laufen, Hüpfen mit Gewichten
Hauptteil (30 Min.)	Übungen mit Hand- und Fußgewichten (in kontinuierlicher Folge oder mit kurzen Pausen)
Ausklang (5 Min.)	Lockeres Laufen ohne Gewichte

1. Erwärmung

Auch oder sogar besonders bei der Gymnastik mit Gewichten ist es notwendig, den Organismus allmählich und langsam auf die Belastung einzustimmen. Beginnt man nämlich sofort mit intensiven Kräftigungsübungen, kann die Hauptenergie nur anaerob aus den Energiedepots im Muskel gewonnen werden, da Durchblutung, Sauerstofftransport und oxidative Reaktionen noch nicht auf den Energiemehrverbrauch vorbereitet sind. Das führt zur Ermüdung oder gar zum vorzeitigen Abbruch. Schon 10 Minuten gründliche Erwärmung genügen, um dieser unerwünschten Belastung vorzubeugen. Für Ungeübte empfiehlt es sich, alle Geh-, Lauf- und Hüpfübungen zunächst ohne Gewichte auszuführen, Fortgeschrittene können zum Aufwärmen die Gewichte schon mitbenutzen.

> Erwärmen Sie sich gründlich, das Training wird Ihnen danach leichter fallen!

2. Hauptteil

In dieser zweiten Phase soll mit den Kräftigunsübungen am Ort der Körper planmäßig von Kopf bis Fuß angesprochen werden. Zum Training der Kraftausdauer ist die extensive Intervallmethode mit geringer Reizintensität und hoher Wiederholungszahl am besten geeignet (siehe S. 19, 20). Von dieser Überlegung ausgehend ist es besser, zu den jeweiligen Trainingsschwerpunkten (z. B. Arme-Schulter-Bereich) mehrere verschiedene Übungen zu machen, als eine einzelne Übungsform bis zur (lokalen) Erschöpfung durchzuhalten. Jede Übungsvariante spricht nuanciert andere Muskelteilgruppen an, und Belastung und Erholung einzelner Muskelanteile wechseln dadurch ab. Eine solche Übungsfolge kann länger ausgeführt werden. Dieses Verfahren hat auch den bedeutsamen Vorteil, daß die Muskulatur wesentlich umfassender und gleichmäßiger austrainiert wird und das Training schließlich auch nicht gar so stur abläuft.

Zwischen solchen Belastungskomplexen können zumindest beim Anfängertraining kurze passive Pausen eingeschoben werden. Das Training gewinnt aber natürlich an Intensität, wenn ohne Unterbrechung durchgearbeitet wird. Der Wechsel auf eine neue Muskelregion gewährt schließlich auch Erholung für die restliche Muskulatur. Ein kontinuierliches Übungsprogramm ist eine höhere Belastung für Herz und Kreislauf, und der Faktor Ausdauer wird verstärkt trainiert.

3. Ausklang

Gerade nach einer intensiven Kräftigung ist es wichtig, die Spannung in der Muskulatur durch Lockerungsübungen zu lösen. Das fördert die Durchblutung, wodurch intramuskuläre Abfallprodukte schneller abtransportiert werden und eine eingegangene Sauerstoffschuld sich eher abbaut. Auf diese Weise regeneriert sich der Organismus schneller. Legen Sie dazu die Gewichte ab und bewegen Sie sich locker zur Musik.

Musik

Auch die Hantelgymnastik macht gleich viel mehr Spaß mit Musik. Stellen Sie sich dazu am besten wie zur Seil- oder Reifen-Gymnastik eine durchlaufende Übungskassette zusammen. Etwas Sorgfalt lohnt sich, denn gute Musik ist schon das halbe Training.

Für die einleitenden 10 Minuten soll die Musik lockeres Geh- und Lauftempo haben, und soll vor allem motivieren. In der Hauptphase dürfen dann die Rhythmen härter werden und können ruhig ein wenig »anheizen«. Zu Kraft- und Ausdauerübungen gehört eine Portion Willenskraft und Durchhaltevermögen – da kann die Musik gut und gerne etwas nachhelfen. Wichtig ist aber dabei, das richtige Tempo zu wählen, denn der Musikrhythmus ist maßgebend für die Bewegungsgeschwindigkeit. Gerade aber mit Zusatzgewichten wirkt sich Ausführungsschnelligkeit sofort auf Übungsschwierigkeit aus. Auch zum Ausklang unterstützt dynamisch beschwingte Musik das lockere Auslaufen.

Tips zum Kauf von Gewichten

Kleine Gewichte sind in den unterschiedlichsten Farben, Formen, Größen und Preisklassen auf dem Markt und es mag zunächst verwirren, wenn man nicht weiß, worauf beim Kauf Wert zu legen ist. Bei Hanteln ist es ausschlaggebend, wie gut und angenehm sie in der Hand liegen. Neben der üblichen Form, den sogenannten Knochenhanteln, gibt es solche, die über den Handrücken geschoben werden und dadurch nicht ständig durch Fingerkraft gehalten werden müssen. Hanteln werden in Metall mit rauher und glatter Oberfläche oder auch mit Leder oder Schaumstoffüberzug gefertigt. Überzüge sind, wie auch beim Tennisschläger, günstig, da sie besser den Schweiß absorbieren und einen besseren Griff bieten.

Daneben gibt es Manschetten für Fuß- und Handgelenke. Ob Sie sich für Plastik, Segeltuch oder Wildleder mit Klettverschluß oder verstellbaren Riemchen entschließen, ist mehr eine Preisfrage. Entscheidend ist jedoch, daß die Gewichte sich weich dem Fuß- oder Handgelenk anpassen und nicht schon von Anfang an unangenehme Druckstellen verursachen.

Hanteln und Manschetten werden zwischen 0,5–3 kg schwer angeboten. Günstig sind bei manchen Ausführungen die auswechselbaren Gewichtsstücke.

Gymnastik mit Gewichten ist zunächst für jeden eine ungewohnte Belastungsform, und es ist daher am besten, mit leichten Gewichten zu beginnen.

Erwärmen im Gehen, Laufen, Hüpfen

Die Übungen im Gehen, Laufen und Hüpfen können mit Fuß- oder Handgewichten oder auch mit beiden ausgeführt werden. Mit leichten Gewichten eignen sich die Übungen gut zur Erwärmung. Ungeübte sollen allerdings noch keine Zusatzbelastung in die Aufwärmphase miteinbeziehen.

Abkürzungen in der Übungsbeschreibung

:   steht vor den Übungsphasen, die im rhythmischen Wechsel ausgeführt werden

▷   Übergang zwischen zwei Phasen der Übung

/   Alternativmöglichkeiten

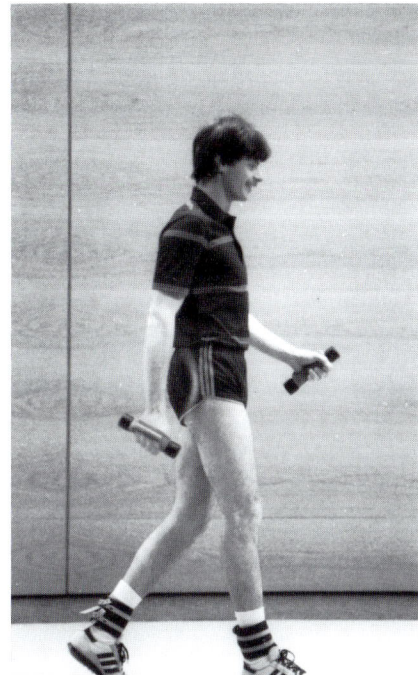

1

2

☐ Arme in Vorhalte/Hochhalte/Seithalte. (Bild 2, Mitte, rechts)
☐ Wechselweise: Vorhalte ▷ Seithalte.

Grundübung 1

Gehen, Arme schwingen im Gehrhythmus locker mit. (Bild 1)

Variation – Beine
☐ Gehen im Ballenstand.

Variation – Arme
☐ Arme schwingen gestreckt bis zur Waagrechten.
☐ Paralleles Armkreisen vorwärts/rückwärts.
☐ Mühlkreisen vorwärts/rückwärts. (Bild 2, links)

3

Grundübung 2

Gehen mit Armen in Vorhalte. Im Wechsel: Vor-hoch-führen des linken ▷ rechten gebeugten Beines. Der Standfuß bleibt mit ganzer Fußsohle am Boden. (Bild 3)

Variation – Beine

☐ Vor-hoch-Spreizen des gestreckten Beines. (Bild 4, Mitte)
☐ Seit-hoch-Führen des gebeugten Beines, das Bein ist im Hüftgelenk »ausgedreht«. (Bild 4, rechts)

4

☐ Seit-hoch-Spreizen des gestreckten Beines.
☐ Rück-hoch-Spreizen des gestreckten Beines. (Bild 4, links)

Variation – Fuß

☐ Ballenstand. Das Standbein bleibt auch im Ballenstand gestreckt! Es macht nichts, wenn die Spreizung dafür nicht so hoch ist. (Bild 5)

5

6

7

8

Grundübung 3

Lockeres Laufen am Ort. Die leicht angewinkelten Arme schwingen in Bewegungsrichtung mit. (Bild 6)

> Arme nie quer zur Laufrichtung ziehen. Besonders mit Handgewichten erschwert das zusätzlich ein lockeres Laufen!

Variation – Arme

☐ Arme in Seithalte.
☐ Ein Arm kreist vorwärts/rückwärts.
☐ Beidarmiges Armkreisen vorwärts/rückwärts. (Bild 7, links)
☐ Mühlkreisen vorwärts/rückwärts. (Bild 7, rechts)

Variation – Beine

☐ Kniehebelauf. (Bild 8, rechts)
☐ Anfersen. (Bild 8, links)

Variation – Bewegungsrichtung

☐ In der Fortbewegung vorwärts/rückwärts.

> Auch das Joggen im Freien kann mit leichten (höchstens ¹/₂ kg) Fußgelenkmanschetten durchgeführt werden – dazu gehört allerdings schon eine gute Kondition.

Grundübung 4

Hopserlauf vorwärts, locker gebeugte Arme schwingen gegengleich mit. (Bild 9)

Variation – Arme

☐ Arme schwingen gestreckt bis zur Waagrechten.
☐ Beidarmiges Armkreisen vorwärts/rückwärts.

9

10

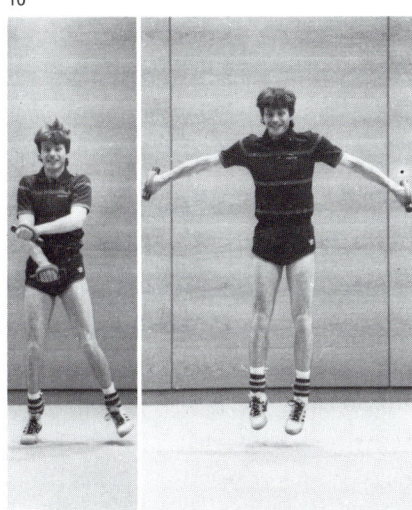

11

Variation – Beine

☐ Hoher Hopserlauf mit kräftigem Absprung und betontem Hochziehen der angewinkelten Beine.
☐ Angewinkeltes Bein schräg nach vorhoch-ziehen, Arme schwingen dazu ausgleichend zur Gegenseite. (Bild 10, links)
☐ Hüpfen mit gestreckten Beinen, Absprung erfolgt vorwiegend aus den Sprunggelenken. (Bild 10, rechts)

Variation – Bewegungsrichtung

☐ Hopserlauf rückwärts.

Grundübung 5

Seitgalopp mit Seitschwingen der Arme, Richtungswechsel. (Bild 11)

Grundübung 6

Beidbeiniges Hüpfen am Ort, Beine etwa hüftbreit, beide Arme schwingen locker angewinkelt am Körper entlang mit. (Bild 12)

Variation – Beine

☐ Hüpfen in Grätschstellung.
☐ Im Wechsel: Beine grätschen
▷ schließen.
☐ Hüpfen in Schrittstellung, wechselweise links ▷ rechts vorne. (Bild 13)

12

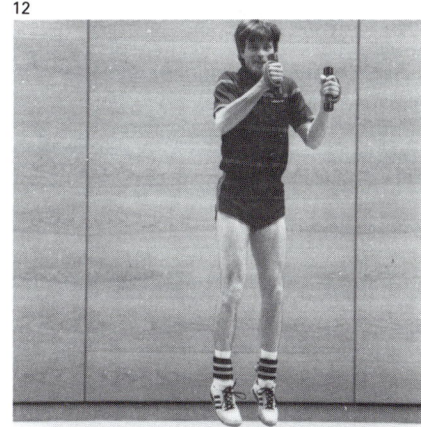

13

14

15

Variation – Arme

☐ Gebeugte Arme schwingen parallel von der Vorhalte ▷ Schrägrückhalte. (Bild 14, links)

☐ Gestreckte Arme schwingen parallel von der Vorhalte ▷ Schrägrückhalte (Bild 14, rechts)

☐ Wechselweise: Hochhalte ▷ Seithalte.

☐ Hampelmann. (Bild 15)

☐ Schrittstellung, rechtes Bein vorne, Gegenarm links in Vorhalte ▷ Beine schließen, Arme in Tiefhalte ▷ Schrittstellung, links vorne, Gegenarm rechts in Vorhalte.

Grundübung 7

Federn mit betonter Hüftdrehung, Arme schwingen ausgleichend zur Gegenseite (»Twist«). (Bild 16)

Variation – Beine

☐ Halbe Hocke.

☐ Tiefe Hocke. (Bild 17, rechts)

☐ Beine gegrätscht. (Bild 17, links)

Variation – Arme

☐ Seithalte.

16

17

Übungen mit Handgewichten

Die Übungen mit Hanteln oder Handgelenksmanschetten dienen vorwiegend zur Kräftigung von Armen und Schultergürtel – einer Zone, die besonders bei Frauen ein Schwachpunkt ist. Aber auch einige Rükken- und Bauchmuskelübungen werden durch die Handgewichte intensiviert.

Kräftigung der Arm- und Schultermuskulatur

Grundübung 8

Stand, Beine etwa hüftbreit. Paralleler Armschwung von der Schrägrückhalte über vorne zur Hochhalte. Das Vor-hoch-Schwingen der Arme führt zur völligen Körperstreckung und in den Ballenstand. Armschwungbewegung durch Mitfedern in den Knien unterstützen. (Bild 18)

18

Variation – Arme
☐ Gegengleiches Armschwingen.

Variation – Beine
☐ Betontes Tieffedern durch die Knie-beuge.
☐ Armschwung vor-hoch, Beinstreckung zum Sprung durchführen. (Bild 19)
☐ Leichte Schrittstellung.
☐ Schrittwechsel im Sprung: Schrittstellung linkes Bein vorne, rechter Arm in Vor-halte, linker Arm in Rückhalte, ▷ Arm-schwung, Sprung mit Beinwechsel ▷ Schrittstellung, rechtes Bein vorne, linker Arm in Vorhalte, rechter Arm in Rückhalte.

Grundübung 9

Leichter Grätschstand, Arme in Vorhalte. Kleine Scherbewegung der gestreckten, gespannten Arme. (Bild 20)

> Achten Sie darauf, daß die gerade Körperhaltung wirklich aktiv beibe-halten wird! Das Zeichen für ein Nachlassen der Spannung der Rumpfmuskulatur ist, wenn die Hüfte nach vorne geschoben wird und der Oberkörper passiv nach hinten aus-weicht.

Variation – Arme
☐ Hochhalte. (Bild 21, Mitte)
☐ Tiefhalte, Scherbewegung vor dem Körper.
☐ Arme in Tiefhalte, Scherbewegung hin-ter dem Körper. (Bild 21, links)

Variation – Rumpf
☐ Flachrücken. (Bild 21, rechts)

19

22

20   21

Grundübung 10

Leichter Grätschstand, Arme in Seithalte, Handrücken zeigen nach unten, beide Ar-me anwinkeln ▷ strecken. (Bild 22)

> Damit der Kräftigungseffekt für Arme und Schultern voll zur Wirkung kommt, müssen die Oberarme stän-dig in der Waagrechten gehalten wer-den, auch beim Beugen!

Variation – Arme
☐ Wechselseitiges Anwinkeln ▷ Strecken der Arme. (Bild 23)

23

24

□ Handrücken zeigen nach oben. Arme nach unten anwinkeln ▷ strecken.
(Bild 23, links)
□ Handrücken zeigen nach hinten. Arme nach vorne anwinkeln ▷ strecken.
(Bild 23, rechts)

Variation – Beine
□ Kniebeugestellung.
□ Seitverlagerungen. (Bild 23)

Variation – Rumpf
□ Flachrücken.

25

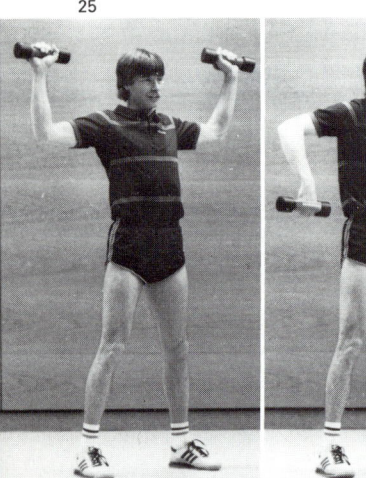

26

Grundübung 11

Leichter Grätschstand, Arme in Seithalte, im Ellbogen rechtwinklig gebeugt. Beide Unterarme »kippen« von oben ▷ unten. Wie in der vorherigen Übung müssen die Oberarme in der Waagrechten bleiben!
(Bild 25)

Variation – Arme
□ Wechselsinniges Kippen der Unterarme. (Bild 26)

Variation – Beine
□ Kniebeugestellung.
□ Seitverlagerungen. (Bild 26)

Kräftigung der Unterarmmuskulatur

Grundübung 12

Leichter Grätschstand, Arme in Seithalte, Handrücken zeigen nach oben. Kräftige Beugung im Handgelenk nach oben ▷ unten. (Bild 27)

Variation – Hände
□ Handrücken zeigen nach hinten, Beugung nach vorne ▷ hinten.
□ Kreisen der Hände aus dem Handgelenk.

27

Handgelenksmanschetten bringen in diesem Fall nicht die gewünschte Belastungssteigerung. Der gewünschte Effekt für die Unterarmmuskulatur wird nur mit Hanteln erzielt!

Grundübung 13

Rückenlage, Arme in Vorhalte. Arme tiefführen zur Seithalte ▷ Vorhalte. Arme berühren nie den Boden! (Bild 28)

28

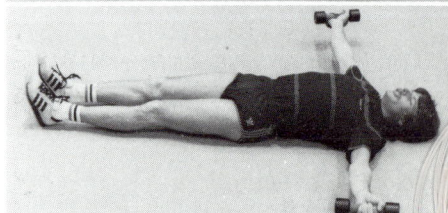

29

Variation – Arme
☐ Wechselweise: Vorhalte ▷ Hochhalte. (Bild 29, vorne)
☐ Wechselweise: Hochhalte ▷ Seithalte. (Bild 29, hinten)

Kräftigung der Arm- und Rückenmuskulatur

Grundübung 14

Leichter Grätschstand, Arme in Vorhalte, Achterschwünge der parallelen Arme vor dem Körper. Hände beschreiben eine liegende Acht. (Bild 30)

Variation – Beine
☐ Beugen der Knie zur Schwungunterstützung.

Variation – Arme
☐ Mit Oberkörperdrehung Achterschwünge seitlich neben den Körper ziehen. (Bild 31, rechts)
☐ Parallele Arme schwingen in der Waagrechten seitwärts, mit Oberkörperverwringung. (Bild 31, links)

Variation – Rumpf
☐ Flachrücken. (Bild 32)

Grundübung 15

Schrittstellung, Schaufelbewegung der Arme, mit betonter Mitbewegung des Oberkörpers. Wechsel der Schrittstellung und der Seite. (Bild 33)

Grundübung 16

Grätschstand, Arme in Hochhalte, Hände berühren sich. Schwingen der Arme von der Hochhalte im großen Bogen zur Rumpfvorbeuge durch die gestreckten Beine durch ▷ zurück zur Hochhalte. (Bild 34)

Variation – Beine
☐ Mitfedern in den Beinen.

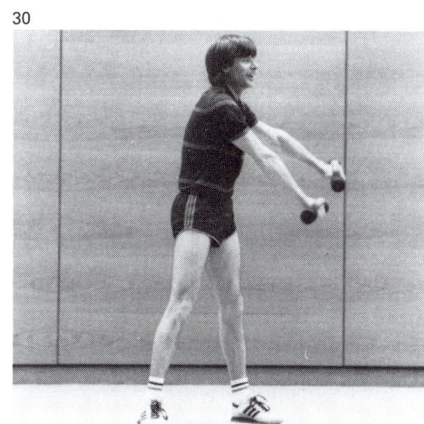

30

31

32

33

34

Kräftigung der Bauchmuskulatur

Grundübung 17

Rückenlage, Beine hüftbreit angewinkelt aufgestellt, Arme in Hochhalte. Aufrichten des Oberkörpers zum Sitz ▷ Ablegen zur Rückenlage. (Bild 35)

35

Kräftigung der Rückenmuskulatur

Grundübung 18

Bauchlage, Arme in Hochhalte, Oberkörper angehoben. Scheren der gestreckten Arme. (Bild 36)

36

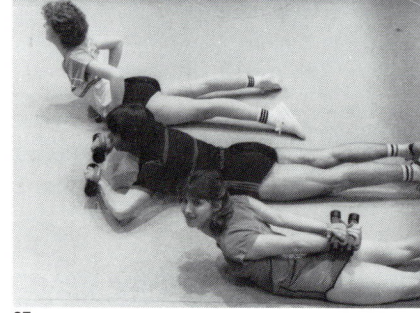

37

Variation – Arme

☐ Scheren der gestreckten Arme hinter dem Rücken. (Bild 37, vorne)
☐ Arme in Hochhalte anwinkeln ▷ strecken. Beim Anwinkeln wird der Oberkörper verstärkt aufgerichtet! (Bild 37, hinten)
☐ Wechselseitiges Anwinkeln der Arme.
☐ Arme gebeugt, Kreisen der Unterarme umeinander. (Bild 37, Mitte)

Variation – Beine

☐ Beine werden mit angehoben.

Übungen mit Fußgewichten

Die vorangestellten Übungen im Gehen, Laufen und Springen kräftigen – wenn mit Fußgewichten ausgeführt – allgemein die Lauf- und Sprungmuskulatur. Die nun folgenden Übungen am Boden trainieren gezielt bestimmte Bereiche der Bein-, Gesäß- und Rumpfmuskulatur.

Kräftigung der Beinmuskulatur

Grundübung 19

Liegestütz vorlings, ein Bein angehockt. Beinwechsel im Sprung. (Bild 38)

Variation – Beine

☐ Beide Beine geschlossen anhocken ▷ strecken. (Bild 39, rechts)
☐ Gestrecktes Bein zur Seite ausstellen. (Bild 39, links)

38

39

40

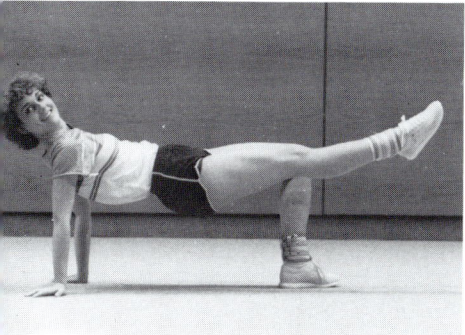

41

Grundübung 20

Liegestütz rücklings, ein Bein angehockt. Im Springen dynamischer Beinwechsel. (Bild 40)

Variation – Beine

☐ Gestrecktes Bein berührt nicht den Boden, die Hüfte ist angehoben. Rhythmischer Beinwechsel. (Bild 41)

> Wird die Hüfte dabei fast zur Körperstreckung angehoben, wird bei dieser Übung zusätzlich die Rumpfmuskulatur gekräftigt!

Kräftigung der rückwärtigen Bein- und Gesäßmuskulatur

Grundübung 21

Bankstellung, ein Bein gestreckt waagrecht gehalten. Mit kleiner Bewegungsamplitude Heben ▷ Senken des gestreckten Beines. (Bild 42)

> Diese Übung ist als Kräftigung nicht als Dehnung der Bein- und Gesäßmuskulatur gedacht. Ein unkontrolliertes »Hochschlagen« des Beines ist daher auch nur eine unerwünschte Belastung für die Wirbelsäule.

Variation – Beine

☐ Anwinkeln des Unterschenkels ▷ Streckung des Beines. Der Oberschenkel bleibt in der Waagrechten! (Bild 43, links)
☐ Bein rechtwinklig zur Seite abgespreizt. Heben ▷ Senken des gestreckten Beines. (Bild 43, rechts)
☐ Bein rechtwinklig zur Seite abgespreizt. Vor- ▷ Rückführen des gestreckten Beines.

43

Variation – Arme

☐ Oberkörper auf den Unterarmen aufstützen.

Kräftigung der Bein- und Gesäßmuskulatur

Grundübung 22

Seitenlage, auf einem Ellbogen abgestützt. Hochführen ▷ Tiefführen des gestreckten Beines, ohne es auf das untere Bein abzulegen. (Bild 44)

42

44

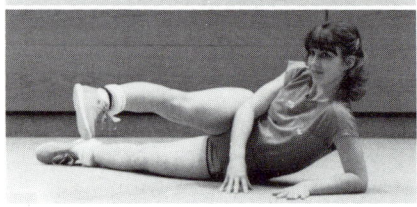

45

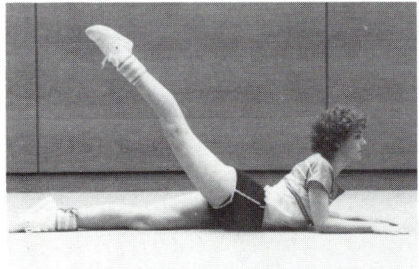

46

Kräftigung der Rückenmuskulatur

Grundübung 23

Bauchlage, Arme liegen in Hochhalte auf dem Boden. Anheben ▷ Senken der gestreckt geschlossenen Beine. (Bild 47)

Variation – Beine

☐ Grätschen ▷ Schließen der angehobenen Beine. (Bild 48, Mitte)

☐ Kleines Scheren der angehobenen Beine. (Bild 48, vorne)

☐ Wechselseitiges Abwinkeln der angehobenen Beine. Die Knie sollen dabei vom Boden abgehoben sein. (Bild 48, hinten)

Variation – Oberkörper

☐ Zusätzliches Anheben von Oberkörper und Armen.

47

49

Kräftigung der Bauchmuskulatur

Grundübung 24

Schwebesitz, auf den Ellbogen abgestützt. Radfahren mit den Beinen. (Bild 49)

Variation – Beine

☐ Anhocken ▷ Strecken. (Bild 50, links)

☐ Radfahren nach schräg vorne links/rechts. (Bild 50, rechts)

48

50

Variation – Beine

☐ Vor-hoch-Führen des gebeugten Beines.

☐ Vor-hoch-Führen des gestreckten Beines.

☐ Führen des gestreckten Beines von Hochhalte ▷ Vorhalte (rechtwinklig zum Körper). (Bild 45)

Variation – Körperlage

☐ ¼ Körperdrehung zur Bauchlage, beide Unterarme am Boden abgestützt. Hochführen ▷ Tiefführen des gestreckten Beines, ohne es auf dem Boden abzulegen. (Bild 46)

Grundübung 25

Rückenlage, Beine gestreckt in Hochhalte.
Grätschen ▷ Schließen der gestreckten
Beine. (Bild 51)

Variation – Beine
☐ Im Wechsel: kleines Scheren der Beine
▷ weites Grätschen.

Variation – Körperposition
☐ Kerze mit Abstützen der Hände.
(Bild 52, rechts)
☐ Kerze ohne Abstützen der Hände.
(Bild 52, links)

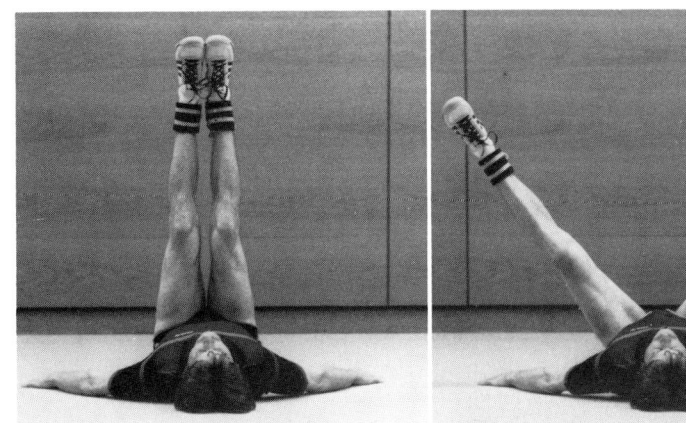

51

Achten Sie bei diesen Bauchmuskelübungen darauf, daß der Lenden-
abschnitt der Wirbelsäule ständig
den Boden berührt. Stellt sich ein
»Hohlkreuz« ein, ist dies ein untrügli-
ches Zeichen dafür, daß die Bauch-
muskeln ermüdet sind und die Beine
nur noch durch die Hüftbeugemusku-
latur gehalten werden. In dieser Hohl-
kreuzhaltung werden die Bandschei-
ben des unteren Rückenbereichs einseitig überlastet!

52

Mixprogramme

Sei es Aerobic-Gymnastik, Stretching oder Gymnastik mit dem Reifen, Seil oder Gewichten – jede der vorgestellten Gymnastikvarianten stellt eine vollständige, in sich abgeschlossene Trainingsform dar, die entweder ausgewogen oder auch mit mehr oder weniger starker Schwerpunktsetzung den Körper trainiert. Ein sinnvolles Training muß sich aber nicht notwendigerweise aus nur einem Gymnastikbereich aufbauen, sondern es ist auch möglich, Übungen aus verschiedenen Gymnastikarten auszuwählen und zu einer »gemischten Trainingseinheit« zusammenzustellen. Mit der Gliederung der einzelnen Kapitel nach Trainingswirkung, also nach Erwärmung, Dehnung und Kräftigung, den übergreifenden Trainingsprinzipien sowie den Trainingsmethoden, ist jedem das Werkzeug an die Hand gegeben, sich selbst sein individuelles Übungsprogramm zu gestalten. Wie solche Mixprogramme aussehen können, soll hier mit einigen Beispielen gezeigt werden:

1. Beispiel

Erwärmung 10 Min.	Beweglichmachende Übungen aus der Aerobic-Gymnastik
Hauptteil 30 Min.	Gymnastische Übungen mit dem Reifen zur Dehnung und Kräftigung des ganzen Körpers
Ausklang 5 Min.	Entspannungsübungen aus der Aerobic-Gymnastik

4. Beispiel

Erwärmung 10 Min.	Lockeres Seilspringen
Hauptteil 30 Min.	Aerobic-Gymnastik: 10 Min. Ausdauer 20 Min. Dehnung und Kräftigung
Ausklang 10 Min.	Leichte Stretchingübungen mit intensiver Entspannung

2. Beispiel

Erwärmung 10 Min.	Übungen im Gehen, Laufen und Hüpfen aus der Gymnastik mit Gewichten
Hauptteil 30 Min.	Kräftigende Übungen mit Fuß- und Handgewichten
Ausklang 5 Min.	Lockeres Seilspringen

5. Beispiel

Erwärmung 10 Min.	Freies, lockeres Einlaufen
Hauptteil 30 Min.	Seilgymnastik zur Dehnung und Kräftigung
Ausklang 10 Min.	Entspannungsübungen aus der Aerobic-Gymnastik

3. Beispiel

Erwärmung 10 Min.	Leichte Lauf- und Hüpfübungen am Ort aus der Aerobic-Gymnastik (Kapitel Ausdauer)
Hauptteil 40 Min.	Stretching (30 Min.) Geschicklichkeitsübungen mit dem rotierenden Reifen (10 Min.)
Ausklang 10 Min.	Leichte dynamische Reifenübungen (Grundübungen 1–5)

Literaturverzeichnis

Anderson, R.: Stretching. Bolinas 1980

Anderson, B.: Stretching and Sports. In: O. Appenzeller; R. Alkinson (Hrsg.): Sportsmedicine. Fitness-Training-Injuries. München 1983.

Bartmes-Kohlhausen, B.: Propriozeptive neuromuskuläre Fazilitation (PNF) – Ein Grundelement der Krankengymnastik. In: Krankengymnastik 31 (1979), 10, 530–541.

Beaulieu, J.E.: Stretching for all Sports. Pasadena 1980.

Blyth, M.; B.R. Goslin: Cardiorespiratory responses to »Aerobic Dance«. J. Sportsmed. 25 (1985), 57–63.

deMarees, H.: Sportphysiologie. Köln, Mühlheim 1981.

Ehlenz, H.; M. Grosser; E. Zimmermann: Krafttraining. BLV Sportwissen. München 1983.

Eickhoff, J.: W. Thorland; C. Ansorge: Selected physiological effects of aerobic dancing among adult women. J. Sportsmed Phys Fitness 23 (1983), 273–280.

Einsingbach, Th.; A. Wojtowicz: Stretching aus der Sicht der Krankengymnastik. In: Krankengymnastik 37 (1983), 3, 156–162.

Gaines, Ch.: Fit bleiben durch Bodybuilding. München 1980.

Holt, L.E.: Scientific Stretching for Sport. Halifax 1971.

Faller, A.: Der Körper des Menschen. Stuttgart 1978.

Ganong, W.F.: Lehrbuch der Physiologie. Berlin 1979

Grosser, M.; St. Starischka: Konditionstests. BLV Sportwissen. München 1981.

Grosser, M.; St. Starischka; E. Zimmermann: Konditionstraining. BLV Sportwissen. München 1981.

Grosser, M.; H. Ehlenz; E. Zimmermann: Richtig Muskeltraining. BLV Sportpraxis. München 1984.

Grosser, M.; H. Brüggemann; F. Zintl: Leistungssteuerung in Training und Wettkampf. BLV Sportwissen. München 1987.

Haas, W.; D. Sternad: Aerobic – Leistungsphysiologische Untersuchungen zur Belastung, Ermüdung und Trainingseffekten. Prakt. Sporttraumatologie 1 (1986), 4–9.

Hardy, L.; D. Jones: Dynamic flexibility and proprioceptive neuromuscular facilitation. Res. Qu. 57 (1986), 2, 150–153.

Harre, D.: Trainingslehre. Berlin-Ost 1975.

Hollmann, W.; Th. Hettinger: Sportmedizin – Arbeits- und Trainingsgrundlagen. Stuttgart, New York 1980.

Letzelter, M.: Trainingsgrundlagen. Hamburg/Reinbek 1979.

Kindermann, W; G. Klenk; W. Schmitt; O. Salas-Fraire: Aerobic aus internistisch-leistungsphysiologischer Sicht. Dt. Ärzteblatt 34 (1983), 37–40.

Knebel, H.-P.: Funktionsgymnastik. Reinbek/Hamburg 1988.

Martin, D.: Grundlagen der Trainingslehre. Beiträge zur Lehre und Forschung im Sport. Teil 1 und 2. Schorndorf 1979.

Mellerowicz, H.; W. Meller: Training. Biologische und medizinische Grundlagen und Prinzipien des Trainings. Berlin 1972.

Nowacki, P.; D. Böhmer: Sportmedizin. Stuttgart 1980.

Röthig, P. (Hrsg.): Sportwissenschaftliches Lexikon. Schorndorf 1972.

Roy, A.: Richtig Fitnessgymnastik. BLV Sportpraxis. München 1984.

Schabert, K.: Richtig Jazz Dance. BLV Sportpraxis. München 1988.

Scheib, K.; G. Schmid; H-Chr. Heitkamp; D. Jeschke: Trainingseffekt eines „Aerobic-Programmes" im Vergleich zum „Trim-Trab" mit Gymnastik. Dt. Ztschr. f. Spmed. 8 (1984), 265.

Schmidt, R.F.: (Hrsg.): Grundriß der Neurophysiologie. Berlin, Heidelberg, New York 1983.

Spring, H.; U. Illi; H.-R. Kunz; K. Röthlin; K. Schneider; T. Tritschler: Dehn- und Kräftigungsgymnastik. Stuttgart 1986.

Sternad, D.: Richtig Stretching. BLV Sportpraxis. München 1988.

Sternad, D.: Tag für Tag topfit. München 1989.

Tittel, K.: Beschreibende und funktionelle Anatomie des Menschen. Stuttgart 1974.

vanLysebeth, A.: Yoga. München 1979.

Weineck, J.: Optimales Training. Erlangen 1983.

Weineck, J.: Sportanatomie. Erlangen 1983.

Zintl, F.: Ausdauertraining. BLV Sportwissen. München 1988.

Nachwort

Der Lebensstil von heute orientiert sich zweifellos mehr an Gesundheit und Erhaltung der Leistungsfähigkeit als je zuvor. Immer mehr setzt sich die Erkenntnis durch, daß sportliche Betätigung und vernünftigere Ernährungsgewohnheiten zu einer besseren echten Lebensqualität führen. Der Weg führt in die richtige Richtung. Dennoch wäre es zu wünschen, daß die Gymnastik und der Sport generell nicht nur als Mittel zum Zweck der Gesunderhaltung betrieben wird, sondern daß sportliche Aktivitäten ein wahres Bedürfnis werden und als eine Selbstverständlichkeit in unser Leben eingehen. So können 10 Minuten Entspannungs- oder Lockerungsgymnastik dann auch unter Umständen erfrischender sein, als eine passive Kaffeepause. Jogging kann dem Feierabend mehr Inhalt geben, und eine Radltour am Wochenende ist mit Sicherheit erlebnisreicher als die endlosen Autorundfahrten – und so ganz nebenbei hat man auch noch etwas für sein Wohlbefinden getan.
Es wäre zu wünschen, daß nicht nur junge Leute zu dieser neuen Lebensqualität finden, sondern auch die ältere Generation den dann allerdings etwas schwierigeren Versuch in Angriff nimmt, ihre alten Lebensgewohnheiten zu ändern und ihre Freizeit aktiver zu gestalten. Gymnastik bietet hierfür den idealen Einstieg, da sie jeder nach eigener Fasson ausüben kann.

Auch das Angebot an verschiedenen Arten von Gymnastik in Vereinen und Studios ist groß und bietet sicher für jeden etwas. Hier ist eine Übungsleiterin vor ihrer Gruppe zu sehen.

Weitere BLV Bücher zum Thema

Dagmar Sternad
Tag für Tag topfit

Ein systematisch strukturiertes Fitness-Programm, das für jeden leicht nachvollziehbar ist: 20 Minuten täglich bringen in Topform; mit Fitnesstest.
95 Seiten, 46 Farbfotos

BLV Sportpraxis 247
Dagmar Sternad
Richtig Stretching

Sportmedizinische und trainingswissenschaftliche Grundlagen, Trainingsgestaltung, 90 Grundübungen mit Variationen und speziellen Trainingsprogrammen.
2. Auflage, 127 Seiten, 64 Farbfotos, 135 s/w-Fotos, 9 Zeichnungen

BLV Sportpraxis 255
Karin Schabert
Richtig Jazz Dance

Technik, Improvisation, Gestaltung, Choreographie; alle Grundlagen des modernen Jazz Dance – leicht nachvollziehbar, mit vielen Beispielen und praktischen Anregungen für Lehrende und Lernende.
Neuausgabe, 144 Seiten, 251 Fotos, 55 Zeichnungen

Kathy Smith/Judy Jones
Body up

Das Ganzheitsprogramm für Fitness und Körperschönheit: Übungen aus den Komponenten Aerobic, Training mit Gewichten und Stretching sowie Tips zur richtigen Ernährung.
142 Seiten, 208 Fotos, 4 Zeichnungen

BLV Sportpraxis 228
August Neumaier/Elke Zimmermann
Richtig Konditionsgymnastik

Wirkungsweise, Variationen, Übungen mit Trainingsprogrammen und Konditionstest.
2. Auflage, 127 Seiten, 190 Farbfotos, 7 s/w-Fotos, 21 Zeichnungen

BLV Sportpraxis 234
Manfred Grosser/Hans Ehlenz/
Elke Zimmermann
Richtig Muskeltraining

Trainingstheorie, -methodik und -ausrüstung; Trainingsprogramme für Gesundheit, Figur, Freizeit- und Leistungssport; Prinzipien des Bodybuilding.
3. Auflage, 127 Seiten, 201 Fotos, 18 Zeichnungen

BLV Sportpraxis 238
Adolf Roy
Richtig Fitnessgymnastik

15 Fitnessprogramme für jedes Alter mit Einzel-, Partner- und Geräteübungen, die die Gesundheit stabilisieren und zur Verbesserung der allgemeinen Kondition beitragen.
127 Seiten, 126 Farbfotos, 188 s/w-Fotos, 4 Zeichnungen

BLV Sportpraxis 241
Hans H. Rhyner
Richtig Yoga

Yoga unter sportlich-gesundheitlichen Aspekten: Theorie, leicht nachvollziehbare Übungen, Yogahaltungen mit vorbeugender oder heilender Wirkung.
2. Auflage, 127 Seiten, 78 Farbfotos, 70 Vignetten, 7 farbige Zeichnungen

In unserem Verlagsprogramm finden Sie Bücher zu folgenden Sachgebieten:

Garten- und Zimmerpflanzen · Natur · Angeln, Jagd, Waffen · Sport und Fitness · Wandern und Alpinismus · Auto und Motorrad · Essen und Trinken · Gesundheit.

Wünschen Sie Informationen, so schreiben Sie bitte an:

BLV Verlagsgesellschaft, Postfach 40 03 20, 8000 München 40

BLV Verlagsgesellschaft München